# L'Interpellation sur la Crise Agricole

## DISCOURS

DE

# M. MÉLINE

PRÉSIDENT DU CONSEIL, MINISTRE DE L'AGRICULTURE

dans les séances des 13 et 20 novembre 1897

À LA CHAMBRE DES DÉPUTÉS

*Séance du 13 novembre 1897*

Messieurs,

Après le discours si complet, si éloquent et si lumineux de l'**honorable** M. Deschanel, qui avait répondu déjà d'une façon décisive et victorieuse à l'argumentation de l'honorable interpellateur M. Jaurès, le Gouvernement avait considéré que la discussion était épuisée. Il se serait fait un scrupule de la rouvrir, si, à la dernière séance, nos collègues du parti socialiste, ne voulant pas rester sous le coup de cette écrasante réfutation, (*Exclamations à l'extrême-gauche*), n'avaient jugé à propos d'envoyer à la tribune un de leurs orateurs les plus diserts, un des plus autorisés, un de ceux qui ont certainement le plus qualité pour parler au nom du parti collectiviste.

L'honorable M. Rose vient déjà de faire au discours de M. Deville une réponse excellente ; je vous demande cependant la permission de la compléter, parce que, dans un pareil sujet, il ne faut rien laisser dans l'ombre ; il faut que l'opinion publique voie bien ce qui se cache derrière ces théories d'apparence si séduisante et qui auraient des résultats désastreux pour le pays. (*Très bien ! très bien ! au centre.*)

M. Rose a mis à l'abri de toute critique la partie essentielle du discours de M. Deschanel. Il a établi d'une façon décisive que les calculs, les chiffres, les arguments reposaient sur une base indiscutable. Je n'y reviens pas. Mais M. Deville a prétendu, à la dernière séance, que M. Deschanel avait méconnu la pure doctrine collectiviste. Messieurs, je crois pouvoir affirmer, après avoir relu attentivement les deux discours, que M. Deschanel a dégagé de la façon la plus exacte, la pensée maîtresse du collectivisme.

Je conviens cependant que M. Deville possède mieux que personne les nuances de cette doctrine ; il les a exposées à la tribune, il les a précisées, et je l'en remercie, car cela va me permettre d'examiner avec plus de sûreté la thèse qu'il a développée ici et de la serrer d'aussi près que possible. (*Très bien ! très bien !*).

Quelle est la thèse du parti collectiviste, et quel remède propose-t-il aux souffrances de l'agriculture ?

M. Deville distingue entre deux sortes de propriété : la propriété individuelle et la propriété collective. Son discours n'a été qu'une longue défense de la propriété individuelle ; personne n'en a jamais parlé avec plus de chaleur que lui. Je remarque d'ailleurs qu'à la fin des législatures, quand on sent l'approche des élections, on défend toujours avec ardeur la propriété individuelle (*Rires approbatifs au centre et à droite*), de même qu'on se défend soigneusement de tout recours à la violence (*Très bien ! très bien ! sur les mêmes bancs* ; on renie la révolution sociale. Je voudrais bien qu'on tint le même langage au commencement ; vous verrez tout à l'heure qu'il n'en est rien.

Il ne suffit pas, heureusement, de parler de la propriété individuelle, d'en prononcer le nom pour être cru sur parole ; il faut nous dire ce qu'est la chose, et je remercie encore M. Deville de nous l'avoir dit clairement, si clairement que vous avez pu voir par quelle logomachie l'école socialiste est arrivée à appeler propriété individuelle ce qui n'a rien de commun avec elle.

**M. Paul Deschanel.** — Très bien !

**M. le président du conseil.** — Il n'y a de propriété individuelle, en matière immobilière, a déclaré M. Deville, que pour celui qui exploite lui-même la terre avec le concours de sa famille seule, qui ne la loue pas et qui n'emploie pas pour la cultiver le travail d'autrui. Aussitôt que ce propriétaire, qui exploite lui-même, fait appel à des salariés, aussitôt qu'il se dessaisit de sa terre pour en confier l'exploitation à un tiers, à un fermier, la propriété, — c'est encore M. Deville qui parle au nom de l'école collectiviste, — la propriété devient immédiatement propriété capitaliste, et alors l'État a le droit de dire au propriétaire qui a opéré cette évolution : puisqu'il vous a plu de faire de votre propriété individuelle, que vous cultiviez tout seul, une propriété capitaliste en appelant des salariés, qui l'ont transformée en exploitation collective, je vous prends au mot, ou plutôt je vous prends votre propriété *Rires au centre* et je la remets aux salariés eux-mêmes. Je ne suis pas pour cela, dit M. Deville avec une sérénité admirable, un révolutionnaire : je suis simplement respectueux des faits : je me borne à les suivre, à les constater. Je vois une propriété collective qui se développe : je la surprends, je la proclame propriété collective au nom du droit supérieur de l'État, et je la réalise en faisant passer la terre aux mains des salariés.

Voilà, je crois, la thèse collectiviste dans toute sa pureté, telle qu'elle nous a été apportée par M. Deville, à la dernière séance.

La question se pose alors avec une clarté indiscutable : il nous sera ainsi plus facile de la suivre dans ses conséquences dernières.

J'ai d'abord une première observation, une observation capitale à opposer à la thèse de notre collègue. C'est que le point de départ de son raisonnement est absolument inexact.

Il n'est pas vrai de dire qu'à l'heure présente, l'évolution agricole s'accomplit dans le sens du développement de la propriété capitaliste, telle que l'entendent les socialistes. Il n'est pas vrai, comme l'affirme M. Deville, que la grande propriété dévore la petite et que la masse des propriétaires eux-mêmes tende à diminuer sans cesse par le mouvement naturel de concentration de la grande propriété.

Pour cela, il faut d'abord dresser le bilan de la grande propriété. Nous pouvons maintenant faire des comparaisons assez précises, puisque nous possédons la statistique agricole de 1892.

J'ai regretté de n'avoir pu mettre plutôt ce document à la disposition de la Chambre. Cela n'a pas dépendu de moi. Cette statistique a été publiée récemment et elle nous permet d'établir des comparaisons à dix ans de distance sur la situation de la propriété agricole. Nous y découvrons, en effet, — c'est probablement à cette constatation que M. Deville faisait allusion, mais vous allez voir ce qu'elle vaut, — que le nombre des grands propriétaires a un peu diminué. Il a diminué de très peu, de 3.000, le nombre des grands propriétaires, — et on appelle grands propriétaires ceux qui possèdent une terre de plus de 40 hectares, — a été, je le reconnais, un peu en décroissant...

**M. Mirman.** — Mais la contenance des grandes propriétés a augmenté.

**M. le président du conseil.** — ... au contraire, la superficie a un peu augmenté. Nos adversaires tirent de là cette conclusion qu'il y a une tendance manifeste à l'augmentation de la grande propriété.

Or, voulez-vous savoir de combien a augmenté la grande propriété, au-dessus de 40 hectares, dans la période de 1882 à 1892 ? Elle a augmenté de 197.000 hectares en tout, compensation faite des augmentations et des diminutions opérées sur l'ensemble du territoire.

**M. Mirman.** — C'est absolument inexact !

**M. le président du conseil.** — C'est absolument exact ; je vous demande pardon.

**M. Mirman.** — Je conteste néanmoins le chiffre.

**M. le président du conseil.** — Je pourrais écarter tout de suite ce chiffre par une simple observation appuyée sur la façon dont la statistique de 1892 a été établie. Au fur et à mesure que nous avançons, — et il faut nous en féliciter, — les statistiques agricoles se précisent de plus en plus. En 1882, il y avait encore dans nos statistiques une erreur fréquente qui a été relevée, avec juste raison, par M. Deville lui-même : elle consistait, quand une propriété chevauchait sur quatre ou cinq communes, à la représenter par quatre ou cinq unités distinctes, ce qui était contraire à la vérité des choses. Le recensement se faisant par commune, on prenait les parcelles de terre qui appartenaient à chaque commune, et on considérait chacune d'elles comme une propriété séparée.

Dans la statistique de 1892, au contraire, nous avons invité, de la façon la plus pressante, les commissions cantonales à éviter cette cause d'erreur, à faire le recensement des propriétés sans tenir compte des chevauchements d'une commune sur l'autre et en relevant les exploitations au domicile de l'exploitant. Il en est résulté, vous le comprenez, une diminution relative du nombre des propriétés, par comparaison avec le recensement de 1882, puisque là où il y avait trois ou quatre propriétés nous n'en retrouvons bien souvent plus qu'une ; il en résulte aussi que la statistique de 1892 est plutôt à notre désavantage, puisque, encore une fois, elle tend à restreindre, par rapport à 1882, le nombre des propriétés et des propriétaires.

Mais je n'ai pas besoin de cet argument qu'il est impossible, du reste, de chiffrer exactement, et je n'y insiste pas autrement.

J'admets, si vous voulez, qu'il y a eu une augmentation de la superficie des grandes propriétés, qui se chiffre par 197.000 hectares, mais il faut reconnaître qu'une augmentation de 197.000 hectares, en dix ans, pour une catégorie de propriétés, est un résultat absolument insignifiant, n'ayant aucune valeur comme indication d'une évolution quelconque. Il suffit, pour le prouver, d'un simple calcul de proportion. Ces 197.000 hectares, si vous les rapprochez de l'ensemble des terres cultivées de France, qui est de 49 à 50 millions d'hectares, représentent 0.39 p. 100, pas même un demi p. 100, et si vous les comparez à l'étendue des terres de grande culture elles-mêmes, qui est de 22 millions d'hectares, la proportion ne s'élève encore qu'à 0.87 p. 100.

Ainsi, l'augmentation sur laquelle on voudrait argumenter ne s'élève même pas à 1 p. 100 de la superficie. Elle est donc, encore une fois, absolument secondaire et ne prouve rien au point de vue de la conclusion qu'on veut en tirer.

Je voudrais essayer maintenant de donner à la Chambre l'explication du fait lui-même, si peu important qu'il soit.

Quand j'ai découvert l'augmentation qui portait sur la grande propriété, j'ai voulu en rechercher la cause : c'était mon devoir. J'ai fait opérer le dépouillement, département par département, du mouvement de la grande propriété, de façon à décomposer par l'analyse le total que j'avais sous les yeux. Cette analyse a produit un résultat très curieux, très instructif. Elle nous a appris que dans toute la région du nord-ouest, du nord, du nord-est et de l'est, le mouvement de concentration de la grande propriété, non seulement ne s'était pas accentué, mais qu'il s'était ralenti ; là, le nombre des grandes propriétés a augmenté, ce qui suppose, naturellement, une diminution de la superficie de chacune d'elles, un morcellement nouveau.

Il est à remarquer que les départements dont je parle sont précisément les départements de grande culture.

Où s'est produite l'augmentation dans la superficie des grandes propriétés ? Exclusivement dans des départements situés au sud de la Loire. Et nous en avons découvert tout de suite la cause : c'est la crise phylloxérique. Les petits propriétaires viticulteurs, n'ayant pas de ressources suffisantes pour reconstituer leurs vignes, ont été obligés bien souvent de les vendre. Je le déplore et je me borne à faire observer que la crise phylloxérique n'a rien à voir avec l'évolution économique qu'on nous dénonçait et qui tendrait à l'absorption insensible et naturelle de la petite propriété par la grande.

Je rappelle, du reste, que l'accident dont je parle se réduit à des proportions infinitésimales, puisqu'il ne va pas au delà de 197.000 hectares, comme résultat général du mouvement de la grande propriété.

J'ai tenu à donner cette explication à la Chambre pour qu'elle voie bien que la différence entre les résultats des deux statistiques de 1882 et de 1892 tient à une cause particulière, la destruction de 400.000 hectares de vignes par le phylloxera et la difficulté de les reconstituer.

Il faudrait aussi, quand on parle de la grande propriété, — et on en a parlé souvent dans ce débat, — ramener à leurs proportions les chiffres qui la concernent et bien établir la place qu'elle occupe dans l'agriculture française et son importance par rapport aux autres catégories de propriétés.

Ici encore, la statistique de 1892 nous permet de faire, d'une façon précise, avec des chiffres définitifs un calcul qui jusqu'à présent n'avait été qu'un simple raisonnement. L'honorable M. Deschanel avait parlé de ce mode de calcul dans son discours ; mais comme il ne possédait pas encore la statistique de 1892, il n'avait pas pu préciser. Il vous avait dit : « Quand on parle des grandes propriétés il faudrait savoir quelle place elles occupent et ce qu'elles représentent exactement. Allez-vous y comprendre les forêts et les landes, les pâtis, tout ce qui n'a aucune valeur ? L'important est de savoir à qui appartient véritablement la terre cultivée. Appartient-elle pour la plus importante partie à la grande propriété ? Alors, vous aurez raison de dire que la grande propriété absorbe la culture française. Mais si, au contraire, la grande propriété détient la plus grande partie des terres non cultivables, la proportion est de suite renversée. »

Sur ce point, la statistique de 1892 nous fournit, aujourd'hui, pour la première fois, les renseignements les plus exacts ; elle a réparti toutes les exploitations de France par nature de culture, en créant cinq grandes catégories : les terres labourables, les prairies naturelles et les herbages, les pâturages, les vergers, les vignes, les jardins, les bois et les forêts. On a même fait une classe à part pour la superficie non cultivée : landes et pâtis. Voyons maintenant la place qu'occupe dans chacune de ces catégories la grande propriété.

On a dit et répété — c'est une thèse courante admise par l'école socialiste comme une vérité démontrée — que la grande culture occupait presque la moitié — de 43 à 45 p. 100 — du sol français. Voici les chiffres, voici les proportions :

Pour les terres labourables, par exemple, la superficie cultivée est de 25 millions d'hectares. La grande culture ne détient que 10 millions d'hectares, la moyenne culture en possède 8 millions, la petite culture 6 millions, et la toute petite 710.000.

**M. Mirman.** — C'est bien près de la moitié, cela !

**M. le président du conseil.** — Non, ce n'est pas la moitié. La proportion ici n'est pas de 45 p. 100, mais de 39 p. 100.

**M. Jaurès.** — Et la proportion de la petite ?

**M. le président du conseil**. — J'en parlerai tout à l'heure.

Pour les prairies naturelles, pâturages et herbages dont la superficie est de 6,557,000 hectares, la grande propriété n'occupe que 2,000,039 hectares, ce qui fait une proportion, non pas de 43 p. 100, mais de 31 p. 100.

Pour les vignes, il y a 1,800,000 hectares. La grande propriété occupe 558,000 hectares, c'est-à-dire 31 p. 100.

Pour les jardins, il y a 477,000 hectares. La grande propriété a 111,000 hectares, ce qui représente 23 p. 100 seulement.

Nous arrivons aux bois et forêts. C'est là que vous rencontrez la véritable importance de la grande propriété. La superficie des bois et forêts est de 8 millions 432,000 hectares. La grande propriété en possède 5,727,000 c'est-à-dire 67 p. 100. Voilà ce que relève la proportion de la grande propriété, et voilà le chiffre essentiel à connaître.

Voulez-vous maintenant passer à la superficie non cultivée, celle qui n'a aucune valeur? Qui détient celle-là? Est-ce la petite propriété? Elle occupe 84 hectares de terres non cultivées; la moyenne propriété en occupe 861 et la grande 3,913,000, c'est-à-dire plus de 60 p. 100.

Par conséquent, les grandes proportions, dans l'occupation du sol par la grande propriété, sont représentées par les bois et forêts et les superficies non cultivées.

Je ne dis pas que la grande propriété n'a pas encore une place importante, mais il était bon, cependant, de ramener à des proportions exactes la place qu'elle occupe. Nous sommes loin des 43 ou 45 p. 100 dont on parlait, puisque, pour les bonnes terres, la proportion varie entre 30 et 39 p. 100.

Ma conclusion sur ce point — et je prie la Chambre de la retenir — c'est qu'il n'est pas vrai de dire, avec les collectivistes, qui en font leur argument essentiel, que, depuis 1882, la grande propriété n'a cessé de dévorer la moyenne et la petite. C'est une erreur, puisque les statistiques établissent, de la façon la plus claire, que la grande propriété est restée, à peu de chose près, stationnaire. Le mouvement s'est accompli plutôt entre la petite et la moyenne propriété; les mêmes statistiques vont m'aider à vous le démontrer tout à l'heure.

Je crois avoir établi, sur ce premier point, l'erreur de nos adversaires.

Voyons maintenant ce que nous dit la statistique sur les autres points.

On nous objecte que le nombre total des propriétaires depuis 1892 a diminué, ce qui est exact. Je devrais dire le nombre total des propriétés, car le nombre véritable des propriétaires nous ne le connaissons pas. Nous savons combien il y a de propriétés; mais nous ne savons pas exactement combien il y a de propriétaires qui possède une, deux, trois ou cinq exploitations. Nous ne pourrions le savoir que par le recensement. Le ministère de l'agriculture, à chaque recensement, a demandé que l'on ajoutât cette question au questionnaire habituel; il n'a pas pu obtenir satifaction jusqu'à présent; je le regrette, pour ma part, parce que c'est de cette façon seulement que nous connaîtrions le nombre exact des propriétaires. Mais les comparaisons, en ce qui concerne les exploitations, restent les mêmes et elles sont vraies, puisque, si nous ne savons pas le nombre des propriétaires, nous connaissons au moins le nombre des propriétés de France.

Ce nombre est-il diminué? Si ce que nos collègues affirment est exact, le nombre total des exploitations agricoles a dû diminuer. Si, en effet, la propriété s'est concentrée entre les mains des grands ou des moyens propriétaires, les exploitations devraient être moins nombreuses en 1892 qu'en 1882; le raisonnement est mathématique. Or, c'est le contraire qui se produit. J'ai là, dans un tableau tiré de la statistique de 1892, le chiffre total des exploitations agricoles en 1882 et en 1892: en 1882, le total des exploitations agricoles est de 5,672,000; en 1892, il est de 5,702,000, ce qui représente une augmentation de 30,000 sur le nombre des exploitations. C'est une augmentat on très considérable et elle est à retenir

— 6 —

Mais il y a dans ce tableau une constatation bien plus intéressante
encore. On dit que la petite propriété tend à disparaître ; si elle tend à
disparaître, nous devons, à dix ans de distance, constater une diminution du nombre des exploitations constituant la petite propriété ; si la
petite propriété se fond dans la moyenne ou la grande, elle doit forcément diminuer. Or, c'est tout le contraire qui s'est produit.

La toute petite propriété, la propriété démocratique par excellence,
c'est assurément la propriété au-dessous de 1 hectare ; elle représente
bien véritablement la toute petite culture. Eh bien ! en 1882 le nombre
des exploitations au-dessous de 1 hectare était de 2,167,000 ; en 1892, il est
de 2 millions 235,000, soit 67,000 exploitations de plus.

J'attendrai que nos collègues socialistes veulent bien nous expliquer
comment ils concilient de pareils résultats avec leurs affirmations, et
comment ils établissent que la petite propriété va en diminuant.

**M. Mirman.** — De 1 à 5 hectares, elle a diminué de 100,000.

**M. le président du conseil.** — Ce qui a diminué, c'est la
moyenne propriété, qui va de 1 à 10 hectares et celle de 10 à 40 hectares ;
elle a, en effet, diminué, de 33,000 exploitations. Mais pendant ce temps
la petite propriété augmentait de 67,000 ; ce qui prouve bien que c'est
celle-ci qui est entrain de miner et de morceler la moyenne propriété.
Voilà le phénomène qui s'accomplit et il est tout le contraire de celui qui
sert de base au raisonnement des socialistes. *(Très bien ! très bien !* —
*Interruptions à l'extrême gauche).*

C'est la petite propriété qui continue à s'accroître aux dépens de la
moyenne.

**M. Mirman.** — C'est matériellement inexact. Vous auriez dû
soumettre ces calculs à une commission de comptabilité avant de les
apporter à la tribune.

**M. le président du conseil.** — Vous n'avez qu'à les vérifier.

J'arrive à une autre constatation du même genre. On dit que le
nombre, non pas des propriétés, mais des propriétaires a diminué. C'est
vrai. Mais sur quelle catégorie de propriétaires porte la diminution qui
s'est accomplie depuis dix ans ? Porte-t-elle sur les propriétaires eux-
mêmes, sur ceux qui vous intéressent, puisque c'est pour eux que
vous demandez le respect de la propriété individuelle ? Ceux qui vous
intéressent, n'est-ce pas ? ce sont ceux qui cultivent exclusivement leurs
terres.

**M. Dejeante.** — Et ceux qui partent des campagnes !

**M. le président du conseil.** — Vous l'avez dit : c'est pour eux
que vous travaillez, et vous vous plaignez qu'ils soient sacrifiés. Je vais
vous prouver le contraire.

Voici les renseignements que nous donnent encore les deux statistiques comparées.

En 1882, le nombre des propriétaires cultivant exclusivement leurs
biens, soit seuls, soit avec l'aide de leur famille ou d'autrui, — c'est
votre hypothèse, — s'élevait à 2,150,000. En 1892, nous en trouvons
2,199,000, c'est-à-dire que cette catégorie de propriétaires cultivant
personnellement et exclusivement leurs terres a augmenté de 48,000.

Vous voyez donc bien que cette évolution dans l'appropriation du sol
que vous réclamez, que vous voulez réaliser en supprimant la propriété
elle-même et en recourant, au besoin, aux moyens révolutionnaires,
s'accomplit toute seule et sans vous, qu'elle s'accomplit légalement,
par la force des choses, par la puissance d'assimilation et d'attraction de
la petite propriété. *(Très bien ! très bien ! au centre et sur divers bancs à*
*gauche.)*

**M. Dejeante.** — Alors, il n'est pas exact que la population des
campagnes diminue ! *(Bruit.)*

**M. Mirman.** — Quels sont les 48,000 propriétaires indiqués par
votre statistique ?

**M. le président du conseil**. — Je ne peux pas tout dire à la fois. Je constate des faits. Je comprends qu'ils vous gênent, mais ils sont décisifs. (*Interruptions à l'extrême gauche*).

Oui, vous avez affirmé que le nombre des propriétaires diminuait...

**M. Mirman**. — Il y en a 138,000 de moins.

**M. le président du conseil**. — Je m'expliquerai sur ce point.

... aux dépens de ceux qui vous intéressent le plus, de ceux qui cultivent leurs terres, et je vous démontre que le nombre de ceux-là va au contraire en augmentant au lieu de décroître.

Où se trouve donc la diminution dans le nombre des propriétaires ? On la rencontre d'abord dans le nombre des fermiers et des métayers propriétaires.

**M. Mirman**. — Et des journaliers !

**M. le président du conseil** — Attendez ! je vais en parler.

Par une coïncidence tout à fait significative, il se trouve que cette diminution des fermiers et des métayers-propriétaires représente exactement ou à peu près — à un millier près — l'augmentation que nous venons de constater parmi les propriétaires cultivant exclusivement leurs terres.

D'où je conclus, avec une vraisemblance qui ressemble à l'évidence, que ce sont les fermiers et les métayers qui étaient petits propriétaires en même temps que fermiers qui ont cessé d'être fermiers et métayers pour devenir exclusivement propriétaires. (*Dénégations à l'extrême gauche*).

Ils se sont élevés dans l'échelle sociale ; ils sont devenus propriétaires.

**M. Jaurès**. — C'est exactement le contraire.

**M. le président du conseil**. — Vous devriez vous en féliciter, puisque c'est le but que vous poursuivez. (*Très bien ! très bien ! au centre et sur divers bancs à gauche et à droite*).

J'arrive maintenant à la grosse diminution dans le nombre total des propriétaires, celle des journaliers propriétaires ; elle est de 138,000 sur 588,000 journaliers propriétaires.

Nous rencontrons ici un phénomène économique dont l'explication est très facile. M. Deville l'avait déjà donnée sans s'en douter. Il nous disait, à la dernière séance : « Je plaide surtout la cause de ces petits journaliers, à la fois journaliers et propriétaires, qui n'ont qu'un petit lopin de terre, insuffisant pour les faire vivre, et qui sont réduits à louer leurs bras au propriétaire voisin ; ils les louent à des prix dérisoires, et c'est le propriétaire qui en a tout le profit. C'est de la main-d'œuvre au rabais, et il est temps que cela cesse. »

Les 138,000 salariés que nous révèle la statistique et qui ont disparu de la catégorie des propriétaires semblent avoir entendu la voix de M. Deville et obéi à ses conseils. Ils ont sans doute considéré que le métier de propriétaire, quand on n'a qu'une toute petite terre, dans des moments difficiles comme ceux que traverse l'agriculture et où la terre rapporte si peu, que ce métier ne suffit pas toujours à faire vivre son homme, ils ont pensé qu'il valait mieux aller à la ville chercher de gros salaires. Et voilà pourquoi 138,000 salariés, petits propriétaires, ont quitté la terre pour se diriger vers l'usine. Ce sont eux qui ont le plus accentué l'émigration des campagnes vers les villes.

**M. Jules Guesde**. — Et ils ont perdu toute propriété.

**M. le président du conseil**. — Le phénomène devrait, ce me semble, rencontrer votre approbation, puisqu'il réalise le but que vous poursuivez : diminuer la main-d'œuvre à bon marché dans les campagnes. De cela, on peut tirer une autre conclusion qui, bien plus encore que tout ce que je viens de dire, est le renversement de votre thèse.

Vous soutenez que l'évolution qui s'accomplit tend à transformer de plus en plus la propriété individuelle en propriété capitaliste, en ce sens que le propriétaire tend de plus en plus à recourir à des salariés pour l'exploitation de la terre. Ici encore la statistique donne à votre hypothèse un démenti éclatant, car elle ne constate pas seulement la diminution des journaliers propriétaires, mais encore la diminution énorme des journaliers et des domestiques non propriétaires.

**M. Jules Guesde.** — Ils sont remplacés par les machines.

**M. le président du conseil.** — C'est-à-dire l'émigration de plus en plus prononcée de la main-d'œuvre des campagnes vers les villes. Et si l'on en juge par la statistique de 1882 à 1892, la diminution de ce chef n'est pas de moins de 394,000 journaliers et domestiques de ferme.

**M. Jaurès.** — Ils ont renoncé à l'espor de conquérir la terre.

**M. le président du conseil.** — Permettez-moi maintenant de me tourner de votre côté et de vous dire pour conclure : Où est donc votre évolution ? Où sont les faits que vous constatez et que vous vous bornez, dites-vous à suivre en en tirant seulement les conséquences. L'évolution se fait en sens inverse de vos prévisions.

Vous prétendez que la propriété devient de plus en plus capitaliste, qu'elle tourne de plus en plus au salariat. Je vous démontre, statistique en mains, que les salariés, au contraire, disparaissent de plus en plus et que la terre va de plus en plus à ceux qui l'exploitent. Votre affirmation est donc fausse de tous points, et la fausseté en est démontrée par les faits. La propriété, en France, ne tend pas à devenir capitaliste : elle tend, au contraire, à se démocratiser, et c'est là la première réponse que j'ai à vous faire. (*Applaudissements au centre et sur divers bancs à gauche et à droite.*)

**M. Dejante.** — Elle se démocratise comme l'industrie : la machine chasse l'ouvrier.

**M. le président du conseil.** — Examinons maintenant en elle-même et dans ses conséquences la doctrine qui nous a été apportée.

Elle distingue, comme je le disais tout à l'heure, entre la propriété individuelle et la propriété collective, entre la grande et la petite propriété. Elle a la prétention de respecter la petite propriété et de sacrifier seulement la grande. L'honorable M. Rose a posé à nos collègues une première question à laquelle ils n'ont pas répondu jusqu'à présent.

**M. Jules Guesde.** — Ils n'ont pas eu encore la parole.

**M. le président du conseil.** — Vous reniez M. Deville !

**M. Jules Guesde.** — Non, mais après M. Rose, nos amis n'ont pas eu la parole.

**M. le président du conseil.** — M. Rose leur a demandé comment ils établiraient la distinction entre la grande et la petite propriété. Où commence la grande ? où finit la petite ? C'est là une question qui vaut la peine d'une réponse et nous l'attendons avec une certaine curiosité. C'est un point qui jusqu'à présent est resté complètement dans l'ombre. Quant à la distinction en elle-même, je la tiens pour absolument insoutenable et indéfendable, car elle jure avec tous les principes sur lesquels repose la doctrine collectiviste.

On peut avoir une doctrine, mais il faut au moins être logique quand on en fait l'application, et je voudrais bien savoir comment vous pensez, appliquant vos principes à la grande propriété, ne pas les appliquer à la petite. (*Très bien ! très bien ! au centre.*)

Votre théorie est de telle nature qu'il est impossible qu'elle ne s'applique pas à la fois à la grande et à la petite propriété. Vous ne pouvez pas faire de différence entre l'une et l'autre ; votre système social vous l'interdit. Ce système s'est affirmé sous tant de formes, dans tant de publications, tant de discours, tant de livres, que je suis vraiment surpris qu'à cette tribune on essaie de le renier et d'en changer le caractère. (*Très bien ! très bien ! au centre. — Interruptions à l'extrême gauche.*)

Il s'est affirmé de mille manières. L'honorable M. Deschanel vous a fait sur ce point des citations si claires et si nettes que je ne reviendrais pas sur ce point si on ne mettait pas tant d'obstination à dissimuler la vérité.

Voulez-vous que je complète à mon tour les citations par d'autres que vous ne pourrez pas récuser ? Je vais en mettre encore quelques-unes sous les yeux de la Chambre, et je prierai leurs auteurs de vouloir bien nous dire comment ils concilient leur affirmations de principe avec les subtilités captieuses qu'ils essaient d'y introduire.

Qui est-ce qui a dit : « La classe productive, sans distinction de sexe ni de race, ne sera libre, c'est-à-dire maîtresse d'elle-même et de tout ce qui existe et est né de ses œuvres, que lorsqu'elle aura détruit l'appropriation individuelle des moyens de production et lui aura substitué l'appropriation collectiviste ou sociale ?

Je cite le *Programme du parti ouvrier* publié par MM. Jules Guesde et Lafargue.

**M. Jules Guesde**. — Pas dans ces termes-là. Je suis obligé, malgré moi, monsieur le président du conseil, de vous opposer une formelle dénégation. (*Bruit au centre*).

**M. René Chauvin**. — C'est un exemplaire qu'on a dû faire pour les besoins de la cause. Nous tenons le vrai à votre disposition.

**M. le Président du conseil**. — Vous croyez que le mien n'est pas exact ?

**M. Jules Guesde**. — Voulez-vous nous indiquer la page de la citation ?

**M. le Président du conseil**. — Vous nous prouverez que la citation n'est pas exacte. Mais est-ce que M. Jules Guesde niera aussi la citation suivante :

*Collectivisme et révolution*

« L'expropriation avec indemnité est une chimère autant sinon plus que le rachat. Et, quelque regret qu'on puisse en éprouver, quelque pénible que paraisse aux natures pacifiques ce troisième et dernier moyen, nous n'avons plus devant nous que la reprise violente sur quelques-uns de ce qui appartient à tous, disons le mot : la révolution. »

**M. Jules Guesde**. — Voudriez-nous nous donner une définition de la révolution ? (*Exclamations*).

**M. le Président du conseil**. — Je serais, je l'avoue, très embarrassé pour vous donner des définitions. Et comment voulez-vous que je ne le sois pas ? Vous avez, suivant les circonstances, des définitions à tiroirs ; vous avez des définitions pour les réunions publiques, qui ne sont pas les mêmes que celles qui sont apportées à la tribune. (*Très bien ! très bien !*

**M. Jules Guesde**. — Nous attendons toujours cette démonstration.

**M. le Président du conseil**. — Vous avez des définitions particulières pour vos brochures et pour vos livres, vous avez même des définitions, comme je le disais tout à l'heure, pour le commencement et d'autres pour la fin des législatures. (*Rires et applaudissements. — Interruptions à l'extrême gauche*).

**M. Jules Guesde**. — Vous ne le prouvez pas !

**M. René Chauvin**. — Dans le livre où vous avez pris votre citation il y a la définition de la révolution ; vous ne l'avez pas lue.

**M. le Président du conseil**. — Permettez, je lis ce que j'ai à lire ; si les citations ne sont pas exactes, vous le direz. Permettez-moi encore une lecture ; nous allons voir si elle sera également inexacte :

« Des capitaux qu'il s'agit de reprendre, quelques-uns, comme la terre, ne sont pas de création humaine... » — Cela s'applique aussi bien à la petite propriété qu'à la grande, puisque la petite propriété n'est pas plus de création humaine que la grande.

« ... Ils sont antérieurs à l'homme pour lequel ils sont une condition *sine qua non* d'existence. Ils ne sauraient, par suite, appartenir aux uns à l'exclusion des autres sans que les autres soient volés... »

**M. Jules Guesde.** — C'est évident ! C'est la constatation d'un fait.

**M. le Président du conseil.** — Vous voyez donc bien que j'ai raison et que je n'imagine rien !

« ... et faire rendre gorge à des voleurs, les obliger à restituer, a toujours et partout été considéré, je ne dis pas comme un droit, mais comme un devoir, le plus sacré des devoirs. » *(Exclamations.)*

**M. Jules Guesde.** — Qu'on n'a pas rempli dans l'affaire de Panama. *(Bruit.)*

**M. le président du conseil.** — Eh bien ! il ne serait pas mauvais de mettre ces formules sous les yeux des petits propriétaires. *(Applaudissements.)*

**M. Jules Guesde.** — Nous les avons mises dans nos brochures de propagande : nous les répandons à 50,000 exemplaires.

**M. le président du conseil.** — Ils verraient ce qu'on pense de leurs droits et comment on envisage l'avenir qui leur est réservé.

La doctrine collectiviste est affirmée dans tant de livres, de brochures, sous tant de formes, que je rougirais d'y insister davantage.

M. Rose a apporté tout à l'heure des documents indiscutables, les conclusions mêmes votées dans certains congrès ouvriers, où on vous prend au mot. Oh ! je sais très bien que les collectivistes montrent au Parlement une prudence extrême : ce sont d'excellents opportunistes. Mais leurs amis, qui n'ont pas les mêmes précautions à prendre, qui parlent dans les réunions publiques, sont plus logiques et savent tirer les conséquences de leurs principes.

**M. Alicot.** — Il y a des enfants terribles !

**M. le président du conseil.** — Ils vont jusqu'au bout de la doctrine : ils ne craignent pas d'indiquer aux agriculteurs jusqu'où on irait le jour où vous seriez les maîtres ; ce jour-là, vous n'hésiteriez pas, et la petite propriété aurait le sort de la grande.

**M. Jaures.** — Mais vous nous accusez de les cacher, nos doctrines !

**M. le président du conseil.** — Je sais bien qu'aujourd'hui vous déclarez que vous êtes résignés à faire une étape sur le chemin du collectivisme intégral : vous voulez bien nous dire que pendant une période de transition, dont vous ne fixez pas la durée, vous respecterez provisoirement la petite propriété, que vous continuerez à l'honorer du nom de propriété individuelle ; mais vous ne laissez pas ignorer que ce n'est là qu'une simple transition, et que la petite propriété aura son tour comme la grande.

Pour vous le prouver, permettez-moi de mettre sous vos yeux des paroles que, je l'espère, vous ne renierez pas ; car elles sont connues de tout le monde.

Dans le célèbre banquet des municipalités socialistes, de Saint-Mandé, vous vous souvenez de la formule donnée par un des hommes les plus autorisés de votre parti, un de ses plus brillants orateurs, M. Millerand. Il disait : « N'est pas socialiste, à mon avis, quiconque n'accepte pas la **substitution nécessaire et progressive de la propriété sociale à la propriété capitaliste.** »

**M. Millerand.** — Parfaitement !

**M. le président du conseil.** — « Nécessaire et progressive. » Par conséquent ce n'est qu'un répit que vous accordez à la petite propriété, et la progression ira aussi vite que vous le voudrez. Mais laissez-moi achever la citation, parce qu'elle est instructive pour le pays. M. Millerand — qui, reconnait, lui, au moins, ses propres paroles — continue :

« C'est dire qu'il ne s'aurait s'agir simplement de la transformation de ces trois catégories de moyens de production et d'échange qu'on peut qualifier de classiques : le crédit ou la banque, les transports par voie ferrée, les exploitations minières. Voici, à côté d'elles, pour prendre un exemple qui ne saurait souffrir de discussion, une industrie qui incontestablement est mûre, dès à présent, pour l'appropriation sociale, parce que monopolisée en quelques mains, rapportant à ses exploiteurs des profits énormes, caractérisée à la fois par le perfectionnement de son machinisme et par la concentration intense de ses capitaux, elle est toute désignée pour fournir une matière féconde et facile à l'exploitation sociale : j'entends parler des raffineries de sucre. »

**M. Millerand.** — Merci, monsieur le président du conseil.

**M. Dejeante.** — Vous nous faites de la propagande.

**M. le président du conseil.** — Je vous remercie pour les raffineurs de sucre aussi. (*On rit*).

**M. Millerand.** — Ils vous remercieront plus que moi.

**M. le président du conseil.** — Il est fort probable que vous ne vous arrêteriez pas en si beau chemin...

**M. Millerand.** — Non !

**M. le président du conseil...** — et qu'après avoir exproprié les raffineurs de sucre, vous arriveriez bien vite aux fabricants de sucre et même aux producteurs de betteraves : ce serait la conclusion logique de votre doctrine.

Voulez-vous, sur ce point encore, la déclaration très nette de M. Jaurès, disant dans une séance de la Chambre :

« Notre devoir est double, notre préoccupation politique est double : c'est d'une part, d'adoucir par des mesures immédiates, autant qu'il dépend de nous, les souffrances immédiates de la masse travailleuse ; c'est, en second lieu, de préparer, étape par étape, la substitution de la propriété sociale à la propriété capitaliste. »

**M. Jaurès.** — J'ai fait distribuer ce discours sous forme de brochure dans toute notre région.

**M. le président du conseil.** — Je n'en doute pas un seul instant. J'indique votre idée : je traduis votre formule. Ce n'est pas pour vous déplaire.

La vérité c'est que vous n'osez pas, surtout en ce moment, à la veille des élections, vous heurter à cette masse immense de travailleurs qui couvrent la surface du sol, parce que vous savez bien que vous n'en auriez pas aisément raison. Et alors vous essayez de les endormir et de les allécher. Vous commencez par leur offrir en pâture les grands propriétaires, vous réservant, quand le sacrifice serait consommé, d'arriver jusqu'à eux. Ils ne l'ignorent pas, soyez-en convaincu. (*Applaudissements au centre et sur divers bancs à gauche et à droite*).

Et maintenant, je voudrais envisager un instant la situation que vous prétendez faire à ces petits propriétaires, dans votre système lui-même. Je vous fais, vous le voyez, de très larges concessions. Je suppose pour un instant que vous êtes les maîtres du pouvoir. Vous avez exproprié tous les grands propriétaires, vous avez mis leurs propriétés entre les mains des salariés. A côté de ces propriétés collectifs, il ne reste plus que les petits propriétaires qui cultivent leurs terres. Vous nous dites que les petits propriétaires n'auront pas à se plaindre, et qu'il n'y aura rien de changé pour eux. Comment ! il n'y aura rien de changé ? mais tout est changé pour eux ! La nature de leurs droits d'abord est complètement transformée (*Très bien ! très bien ! au centre*), et je vais vous le démontrer.

Aujourd'hui, le petit propriétaire est le maître de faire ce qu'il veut de sa terre : il peut la louer, la vendre, la transmettre par testament ou par héritage. Mais demain, quand le petit propriétaire ne sera plus investi que par vous, quand il sera entré lui aussi par la force des choses, dans l'orbite de la propriété collective — car il ne pourra pas sortir du droit actuel sans être condamné par vous à entrer dans la propriété collective...

*Au centre.* — C'est cela !

**M. le président du conseil...** — que lui direz-vous, s'il veut louer sa terre ? « Non, lui répondrez-vous, vous ne pouvez louer votre terre, car vous deviendriez alors un propriétaire capitaliste, et vous n'en avez pas le droit. »

Et s'il laisse sa terre par héritage à sa femme, à ses enfants ou à des mineurs, à des héritiers incapables de l'exploiter directement, vous interviendrez encore pour interdire à ces héritiers de louer la propriété ou de la faire exploiter par des salariés quelconques. Et c'est pour cela sans doute que la question de l'héritage vous laisse si indifférents.

*A l'extrême gauche.* — Qu'en savez-vous ?

**M. le président du conseil.** — Je serai très heureux que vous vous expliquiez à ce sujet. *(Rires au centre.)*

Toutes les fois que le propriétaire exploitant recourt aux salariés, vous êtes obligés de l'exproprier, parce que votre doctrine considère que sa propriété a cessé d'être individuelle pour devenir capitaliste et collective. Or, vous n'ignorez pas que les trois quarts des petits propriétaires sont condamnés, par la force des choses, si petits qu'ils soient, à faire appel à chaque instant à la main-d'œuvre d'autrui...

**M. Jules Guesde.** — Alors, c'est le salariat à perpétuité ?

**M. le président du conseil...** — les uns pour la moisson, les autres pour la fenaison, d'autres enfin pour la vendange. Partout chez les petits propriétaires, vous trouverez des salariés. Vous allez, par conséquent, englober dans la propriété collective l'immense majorité des petits propriétaires, que vous prétendez sauver.

J'arrive à une autre conséquence de votre système. Aujourd'hui le petit propriétaire a le droit de vendre à n'importe qui. Allez-vous respecter ce droit ? Lui permettrez-vous de vendre ?...

Silence profond ! *(Rires au centre.)*

*A l'extrême gauche.* — Quand nous interrompons on nous rappelle à l'ordre !

**M. Jules Guesde.** — Mais nous ne sommes pas dans la société collectiviste en ce moment !

**M. le président du conseil.** — Cela vaudrait cependant la peine d'être dit.

Il me semble que vous devez bien savoir dans quelle mesure votre doctrine est applicable et à qui vous l'appliquerez. Eh bien ! je vous le demande formellement : permettrez-vous au petit propriétaire de vendre sa terre ?

**M. Gabriel Deville.** — Je suis tout disposé à répondre.

Je dirai que la solution, pour cette question, de même que pour toutes les autres, dépendra de la volonté du pays, exprimée, par exemple, par des mandataires, comme aujourd'hui ; mais si vous voulez mon opinion personnelle, je répondrait qu'il n'aura pas le droit de vendre. *(Exclamations et applaudissements ironiques au centre.)*

A mon avis, — et je suis seul responsable de mon opinion, — il n'aura pas le droit de vendre, parce qu'il n'y aura pas possibilité de vente, parce qu'il n'y aura pas lieu à vente ; mais il ne saurait y avoir aucun inconvénient, ni théorique, ni pratique, tant que les faits n'auront pas, dans leur ensemble, justifié nos prévisions, à ce qu'il y ait, avec certaines garanties, emploi par le petit propriétaire de salariés. *(Mouvements divers.)*

**M. le président du conseil.** — Je me félicite vraiment de la question que j'ai posée, car elle nous vaut un peu de lumière sur un point essentiel. L'aveu a été difficile à obtenir, mais il est très précieux.

L'honorable M. Deville nous déclare qu'en ce qui le concerne il considère que le petit propriétaire n'a pas le droit de vendre, et il a raison au point de vue de la pure logique collectiviste.

**M. Babeau-Lacroze.** — Ce sera bon à faire savoir et cela fera bon effet.

**M. le président du conseil.** — Ce qui m'étonne beaucoup, c'est que, dans la seconde partie de ses observations, M. Deville admette que le petit propriétaire puisse employer des salariés. Je ne vois plus alors sur quelles bases sérieuses repose votre doctrine du collectivisme, car elle n'a plus de principes.

Comment ! vous venez dire : Le grand propriétaire devient capitaliste parce qu'il emploie des salariés. C'est tout votre argument contre lui, et vous reconnaissez à l'Etat le droit de l'exproprier parce qu'il emploie des ouvriers. Et après avoir fait cela vous venez maintenant dire au petit propriétaire : « Si tu emploies les mêmes ouvriers, si tu maintiens, comme vient de le dire M. Guesde, le salariat à perpétuité, tu ne seras pas, toi, exproprié et je te conserve ta propriété. »

En vérité, une doctrine qui repose sur de pareilles contradictions, permettez-moi de le dire, est la doctrine de l'équivoque la plus audacieuse. *Vifs applaudissements au centre et sur divers bancs à gauche et à droite.*

Du reste, vous pouvez retirer sans inconvénient au petit propriétaire le droit de vendre, car dans votre système ce droit ne lui aurait servi à rien, attendu qu'il ne trouverait pas d'acheteur. (*On rit.*)

Comment voulez-vous, en effet, que le petit propriétaire trouve un acheteur ? Celui qui a de l'argent ne sera pas assez naïf pour acheter une propriété qui n'est plus qu'un simple usufruit. Car la propriété ainsi transformée n'est plus une propriété, elle ne constitue plus qu'un usufruit, et vous ne trouverez pas d'acquéreur, j'imagine, qui consente à payer l'usufruit au prix de la propriété.

Il y a d'ailleurs une autre raison. Comment le petit propriétaire pourrait-il parvenir à vendre sa terre quand, à côté de lui, l'Etat donne des terres pour rien ? Celui qui serait tenté de traiter avec lui aimera bien mieux aller vous trouver et vous dire : Je n'ai pas assez d'argent pour acheter une terre, mais vous en donnez à tout le monde ; je viens réclamer ma part :

Votre prétention de ménager les intérêts du petit propriétaire est donc une pure dérision, même pendant la période de transition que vous lui réservez. Vous le dépouillez de tous ses droits essentiels ; vous ne lui laissez qu'un simple usufruit, l'ombre d'une propriété. (*Applaudissements.*) Vous aurez détruit dans son essence la petite propriété ; il ne restera plus debout que la propriété collective.

Pour terminer, je voudrais dire un mot de cette propriété collective elle-même ; ce sera la contre-partie de ma thèse.

Le jour de l'avènement de la société collectiviste, on va donc distribuer toutes les terres des grands et moyens propriétaires de France entre un certain nombre de personnes. Je ne veux pas discuter la justice d'une pareille opération.

**M. Jules Guesde.** — Mais il n'y a pas de distribution.

**M. le président du conseil.** — Jamais nous ne nous entendrons avec vous sur la nature du droit du propriétaire, nous le savons bien. Vous appelez les choses d'un autre nom que nous ; vous appelez « vol » ce que nous appelons « épargne et propriété » ; vous appelez « restitution » ce que nous appelons « confiscation ». Il est inutile de discuter sur ce sujet ; nous ne nous entendrions pas. Pour vous, l'Etat a un droit absolu et supérieur à tous les droits des individus ; il peut s'emparer de tout, il est maître souverain de tout. Avec une thèse pareille, il n'y a plus ni droit ni justice ; la collectivité prime tout et justifie tout. *Nouveaux applaudissements.*

Je demanderai seulement, — c'est peut-être encore une question un peu indiscrète : il y en a tant dans ce débat ! — je demanderai à nos collègues de nous expliquer comment leur système fonctionnera dans la pratique, en vertu de quelles règles, de quels principes, dans quelles conditions ils vont opérer la répartition du sol de la France, comment ils choisiront, entre tous ceux qui se présenteront à eux et qui leur demanderont les terres confisquées, les heureux mortels destinés à les recevoir !

Je voudrais bien savoir aussi, quand ces terres auront été remises à ceux qu'on appelle par euphémisme les propriétaires collectifs, quel est le mode de surveillance que l'Etat exercera sur eux. Sur quelle organisation reposera-t-il ? Combien faudra-t-il créer pour cela de fonctionnaires, d'inspecteurs des fermes agricoles collectives ? Ce jour là, le ministère de l'agriculture sera un grand ministère : il aura au moins 200,000 employés. (*On rit.*)

**M. Dejeante.** — Il y en a déjà beaucoup qui sont plus inutiles.

**M. le président du conseil.** — Mais la création de la propriété collective, qui séduit tant nos collègues, est-elle au moins un remède à la situation agricole actuelle ? Car il ne faut pas oublier que nous discutons une interpellation sur la crise agricole et que nous cherchons des remèdes aux souffrances de nos agriculteurs. Chacun apporte le sien ou les siens. Le parti socialiste n'en a qu'un, c'est la réorganisation de la propriété, la transformation de la propriété individuelle en propriété collective. En l'appliquant, il a évidemment la pensée de faire le bonheur de ceux pour lesquels il travaille : il s'imagine que ces propriétaires collectifs vont être les hommes les plus heureux du monde ; qu'ils échapperont pour toujours aux nécessités douloureuses qui s'imposent à la masse de nos agriculteurs. Ils seraient, j'en suis convaincu, cruellement déçus si leur système venait à fonctionner, ce qui, je l'espère bien, n'arrivera jamais. Je ne leur donnerais pas une année avant de recueillir la malédiction générale de ceux dont ils espèrent se faire une clientèle.

**M. René Chauvin.** — Essayez-en. (*On rit.*)

**M. Antoine Perrier** (Savoie). — Ce serait trop dangereux.

**M. Dejeante.** — Pour les capitalistes !

**M. le président du conseil.** — En quoi consiste, en effet, l'avantage que vous prétendez procurer aux salariés que vous élevez à la dignité de propriétaire ? Uniquement dans la remise que vous leur faites de la rente du sol. Voilà le profit qu'ils peuvent attendre de votre conception. Vous leur donnez une terre comme on la donnerait aujourd'hui à un fermier. Ces propriétaires collectifs ne sont que des fermiers de l'Etat ; il faut bien appeler les choses par leur nom. Vous ne faites qu'exempter ces fermiers d'un nouveau genre de paiement de leurs fermages. (*Très bien ! très bien ! au centre.*)

Croyez-vous que vous aurez mis fin, de cette façon, à la crise agricole, et vos propriétaires collectifs vont-ils gagner plus d'argent que les fermiers d'aujourd'hui ?

Si vous aviez étudié les oscillations de la rente du sol depuis cinquante ans, vous auriez pu remarquer qu'elle a été sans cesse en diminuant. Depuis trente ans, elle a diminué de 50 p. 100. Elle est devenue aussi faible que possible, tellement faible que dans beaucoup de régions de France — et je ne serai pas démenti par mes collègues — on offre des terres à qui veut les prendre, à la seule condition de payer les impôts, d'entretenir les bâtiments et les terres en bon état, et on ne trouve pas preneur.

Vous voyez donc bien que le mal n'est pas dans l'élévation de la rente du sol : il est ailleurs, comme nous le verrons plus tard.

D'autre part, il y a trente ans, la rente de la terre était presque double en moyenne de ce qu'elle est aujourd'hui, et, il y a vingt ans, les agriculteurs gagnaient plus d'argent qu'aujourd'hui. Par conséquent, l'économie que vous procurerez aux propriétaires collectifs, du chef de la rente du sol, n'est qu'une partie infinitésimale de leur prix de revient : c'est un facteur qui diminue de plus en plus d'importance.

Ce qui fait aujourd'hui le bénéfice de l'agriculteur, c'est qu'il améliore sans cesse sa terre, afin d'en tirer des rendements de plus en plus élevés. C'est de ce côté qu'il faut chercher le remède à la crise agricole, et vous lui tournez le dos. Vous allez, en effet, opérer en sens inverse. Vos propriétaires collectifs vont perdre ce qui fait la force, la vigueur, la confiance des propriétaires agricoles actuels. (*Très bien! très bien! au centre et à gauche.*) Vous aurez retiré de leur cœur l'amour de la terre, en leur retirant le droit de propriété personnelle. Vous aurez ainsi détruit le grand ressort qui fait vivre l'agriculture et les agriculteurs. (*Très bien! très bien!*) Vos fermiers collectifs seront absolument indifférents à l'état de la terre que vous leur donnerez ; ils l'épuiseront, et ils auront raison, parce qu'ils sauront très bien que vous ne la leur laisserez pas ; ils n'auront pas d'intérêt à travailler pour les autres. (*Applaudissements.*

Et puis, comme ils seront nourris par vous, si leur travail ne leur permet pas de vivre,..

**M. Jules Guesde**. — Comment ? Nous les nourrirons encore par dessus le marché ?

**M. le président du conseil**. — Vous y serez bien forcés

... Ils n'éprouveront pas le besoin de travailler. Le rendement de la terre ira ainsi sans cesse en s'abaissant. C'est un fait d'expérience que vous ne pouvez pas contester ; partout où on a trouvé côte à côte la propriété collective et la propriété individuelle, on a constaté le même résultat : la propriété individuelle seule en bon état, seule donnant des résultats, seule faisant vivre celui qui l'exploite ; la propriété collective toujours misérable, avec des malheureux qui végètent sur elle et qui ne peuvent pas en vivre. (*Très bien! très bien!*)

La propriété collective ne sauvera pas ceux auxquels vous la promettez, elle les rendra plus pauvres encore ; et c'est ainsi qu'au lieu de guérir la crise agricole vous l'aggraveriez.

Je termine par une dernière considération sur les résultats que la propriété collective aura pour la société elle-même.

Il n'est pas indifférent pour l'État, pour la société, pour les travailleurs, de savoir quel est le système qui fait sortir du sol le plus possible de produits alimentaires. La nation y est intéressée.

Depuis dix ans l'agriculture française, grâce aux efforts que nous avons faits pour relever son courage et lui rendre confiance, grâce surtout à son invincible amour de la terre, a augmenté sa production, et le consommateur auquel vous vous intéressez a eu tout le profit de son travail et de son énergie. Mais, je vous le prédis, le jour où les terres de France passeront à l'état collectif, vous verrez immédiatement diminuer de moitié la production des denrées alimentaires. Le consommateur tombera de plus en plus à la merci de l'étranger, et, dans des années calamiteuses comme celle-ci où la récolte est forcément insuffisante, vous récolterez la misère et la famine. (*Très bien! très bien! sur un grand nombre de bancs.*)

Tel est le dernier mot de la doctrine collectiviste, quand on envisage ses résultats dans l'application.

J'aurais bien voulu lui opposer notre thèse à nous, expliquer comment nous comprenons la crise agricole et le remède à lui apporter. Ce sera la conclusion de mon discours

*Sur divers bancs*. Reposez-vous ! — A samedi ;

**M. le président du conseil**. — Je serai reconnaissant à la Chambre, pour épargner sa fatigue et la mienne, de renvoyer cette seconde partie de ma démonstration à samedi prochain. (*Vifs applaudissements au centre et sur divers bancs à droite et à gauche.*)

**M. le président**. — La suite de la discussion est renvoyée à samedi.

*Séance du 20 novembre 1897*

Messieurs,

J'ai essayé d'établir, il y a huit jours, que le remède proposé par l'école socialiste à la crise agricole serait pire que le mal, qu'il ne ferait que l'aggraver en ruinant le principe de la propriété individuelle, qui constitue la force essentielle de résistance de notre agriculture dans la lutte difficile qu'elle a à soutenir. Je crois avoir prouvé que la propriété collectiviste serait un recul, un véritable retour à la barbarie.

**M. Jules Guesde.** — Quand et comment l'avez-vous établi ?

**M. le président du conseil,** *ministre de l'agriculture.* — Je conviens que l'école socialiste atteindrait ainsi son but : il n'y aurait plus de riches, mais les pauvres seraient plus pauvres, et ce serait là le seul résultat de la révolution sociale qu'on nous annonce avec tant de fracas. *(Très bien ! très bien ! au centre.)*

**M. Jules Guesde.** — Je proteste.

**M. le président du conseil.** — Aujourd'hui, je voudrais opposer à la solution collectiviste notre solution qui diffère en tous points de l'autre.

Elle en diffère d'abord par la méthode. Nous ne partons pas d'une conception idéale de la société, d'une thèse *à priori*; nous observons les faits, nous suivons la crise agricole dans son développement, pas à pas, et nous tâchons de lui appliquer, au fur et à mesure, des remèdes de nature à atténuer les souffrances des populations agricoles.

**M. Dejeante.** — Elles ne s'en félicitent pas.

**M. le président du conseil.** — Ce n'est pas vous qui les sauverez, en tout cas.

**M. Dejeante.** — Ni vous non plus.

**M. le président du conseil.** — Pour découvrir le remède applicable à la crise agricole, il est nécessaire de connaître la cause, ou plutôt les causes du mal. C'est là la première question que j'ai à étudier devant la Chambre.

À quoi tient surtout la crise agricole ? Il suffit d'un peu d'observation pour la ramener à un phénomène économique d'une gravité considérable et très inquiétant pour l'avenir. Ce phénomène, c'est la baisse générale et progressive, depuis quinze ans, je pourrais dire depuis vingt ans, de tous les produits agricoles sans exception. C'est là un fait qui n'est peut-être pas assez connu et sur lequel il est nécessaire d'insister pour bien éclairer l'opinion publique.

Les statistiques, les mercuriales des marchés, nous fournissent sur ce point des données qu'il est nécessaire de condenser. J'ai donc fait dresser pour me rendre compte de l'importance du phénomène que je signale, un tableau dans lequel figurent les principaux produits agricoles, en prenant les cours de 1882 et ceux de 1897, en cherchant, par conséquent, à quinze ans de distance, quel a été le mouvement général des prix sur nos marchés.

Je vous demande la permission, messieurs, par quelques citations qui sont indispensables, de vous faire toucher du doigt les conséquences de cet avilissement des cours, inconnu jusque-là.

Voici quelques produits avec l'indication de leur valeur en 1882 et en 1897 :

Les laines qui valaient, en 1882, de 1 fr. 85 à 2 fr. 05, ne valaient plus en 1897 que 1 fr. 08 à 1 fr. 25. Les cocons frais, qui valaient, en 1882, de 4 fr. 20 à 4 fr. 45, ne valaient plus en 1897 que 2 fr. 50 à 2 fr. 95. Les suifs, qui valaient, en 1882, 95 francs, ne valaient plus en 1897 que 42 fr. Les alcools à 90 degrés qui valaient, en 1882, 59 francs, ne valaient plus, en 1897, que 38 francs. Les sucres blancs, qui valaient 36 francs, ne valent plus que 25 francs ; les fécules premières, qui valaient 32 à 34 francs ne valent plus qne 27 à 28 francs ; les vinaigres, qui valaient 38 à 40 francs, ne valent plus que 30 à 35 francs. Les beurres eux-mêmes, — et c'est le produit qui a le moins subi de variation, — qui valaient 3 fr. 35 à 3 fr. 50, ne valent plus que 1 fr. 80 à 1 fr. 90,

Pour les vins, la comparaison est un peu plus difficile à établir en raison de l'étendue du marché. Cependant on peut la faire en prenant le cours des vins sur le marché bien connu de Bercy. A quelle constatation arrivons-nous ? En 1882, la pièce de Bordeaux vieux valait à Bercy 170 à 190 fr.; en 1897, elle ne vaut plus que 120 à 160 francs. Le muid de Bourgogne, qui valait de 175 à 190 fr., ne vaut plus que 110 à 125 fr.; la pièce de vin du Cher, au lieu de 135 à 155 fr., vaut de 85 à 95 fr.; le Mâcon, au lieu de 175 à 230 fr., vaut de 140 à 200 fr.; le vin de Touraine qui valait 125 à 135 fr., ne vaut plus que 90 à 100 fr. Enfin, si nous prenons les vins du Midi, nous voyons que le Roussillon, qui valait de 58 à 75 fr., vaut de 29 à 40 fr.; enfin, le vin de Narbonne, qui valait de 50 à 58 fr., ne vaut plus que 32 à 36 francs

Voilà les prix pour les vins.

Pour le blé la comparaison est également difficile à cause du mouvement des récoltes; cependant, il n'est pas impossible, en faisant des moyennes, de se rendre compte de la marche générale des prix.

Il est certain qu'en comparant des moyennes de cinq ans en cinq ans, on est bien près de la vérité, parce que les bonnes et les mauvaises récoltes alternent dans une période assez courte. En prenant des périodes de cinq ans depuis 1877, on arrive à cette constatation que, de 1877 à 1881, le prix du quintal de blé était de 29 fr. 39 de 1882 à 1886, il descend à 24 fr. 03 ; de 1887 à 1891, il est de 29 fr. à 86 ; les prix se maintiennent, quoique bien inférieurs à ceux de la première période ; et, quand on arrive à la dernière période, celle de 1892 à 1896, on trouve pour le quintal de blé le prix de 20 fr. 83.

Vous le voyez, messieurs, par cette rapide énumération de chiffres, un peu aride, mais qui était nécessaire, j'ai justifié cette affirmation que la baisse des produits agricoles a été générale, qu'elle a porté sur tous les produits, qu'elle a été exceptionnelle.

Je ne connais guère d'exception que pour la viande ; et encore on relève chez le producteur un léger fléchissement sur les prix. J'ai donc le droit de conclure et de dire que la baisse a été générale.

**M. Dejeante.** — Qui en a eu le profit ?

**M. le président du conseil.** — Nous le verrons dans un instant. Si l'on veut calculer l'importance de cette baisse et savoir dans quelle mesure elle a porté préjudice à l'agriculture, il suffit de multiplier par la production de chaque année les unités de prix pour chaque produit. On arrive à cette conclusion vraiment effrayante qu'en quinze ans le total des recettes de l'agriculture a baissé de plus d'un demi-milliard.

Je vous le demande, messieurs, qu'elle est l'industrie qui pourrait résister, sans tomber en faillite, à une pareille situation ? Il a vraiment fallu tout le courage, l'esprit d'épargne, toute la puissance de travail, et j'ajoute l'attachement invincible de nos agriculteurs à la terre, pour leur permettre de lutter dans des conditions aussi désespérées. (*Applaudissements au centre et à droite*).

**M. Dejeante.** — C'était bien la peine de faire pour eux des tarifs de douane. (*Exclamations sur les mêmes bancs*).

**M. le président du conseil.** — Nous allons voir ce qu'ont produit les tarifs de douane.

Messieurs, il résulte de ce que je viens de dire que la crise que nous traversons en ce moment est d'un caractère tout à fait exceptionnel. Certes, on a pu constater à toutes les époques un avilissement des cours des denrées agricoles. Il y a toujours eu dans le monde des crises agricoles, mais elles étaient toutes, ou presque toutes, partielles et temporaires ; elles portaient sur un certain nombre de produits, mais ce nombre était très limité et elles n'avaient qu'une courte durée. C'est la première fois qu'on assiste, je crois, à ce spectacle nouveau d'une crise prolongée portant sur l'ensemble des produits agricoles.

**M. Jaurès**. — C'est très juste !

**M. le président du conseil**. — Maintenant que vous connaissez la cause du mal, qui n'est qu'une cause seconde, il faut remonter aux causes premières et tâcher de savoir à quelles raisons est imputable cette baisse extraordinaire et qu'on n'avait jamais vue.

Telle est la seconde question que nous avons à examiner.

Quand on étudie les motifs divers de cette baisse, on arrive à découvrir qu'elle ne tient pas à une seule cause. Rien ne serait plus dangereux que de conclure, en pareille matière, d'une façon absolue. Il y a certainement plusieurs facteurs en présence, et je vais m'efforcer de les passer en revue dans leurs grandes lignes.

Le premier qui apparaît à tous les yeux, parce qu'il a une extraordinaire importance, est certainement l'évolution — je devrais dire la révolution — qui s'est accomplie depuis vingt ans dans les moyens de transports. La multiplicité, la rapidité, le bon marché des transports ont opéré dans le prix des produits un abaissement inévitable. Autrefois, la distance était une défense pour les marchés ; aujourd'hui cette défense n'existe plus. Tous les marchés sont à la porte les uns des autres : ils ne font, en quelque sorte, qu'un seul grand marché général ; il en résulte que le nivellement des prix se fait forcément par en bas en vertu de la théorie bien connue des vases communiquants. Ce sont les produits qui produisent au meilleur marché qui font, malheureusement, aujourd'hui la loi aux autres. C'est là un fait qui n'est pas douteux.

Actuellement, il en coûte moins pour transporter une tonne de blé de New-York au Havre que pour l'expédier de Paris à Marseille. Il était donc inévitable que cette suppression de la distance — car il s'agit d'une véritable suppression — eût pour conséquence l'abaissement des prix.

Cette cause suffit-elle à expliquer la baisse générale que je viens de signaler ? Je ne le crois pas pour ma part, et cela pour deux raisons. D'abord cette baisse ne peut s'appliquer qu'aux produits que j'appellerai d'échanges internationaux. Pour les grands produits qui circulent d'un bout du monde à l'autre, comme le blé par exemple, il est certain que les prix ont été considérablement affectés par l'abaissement des prix de transport ; mais il n'en est pas de même de cette immense variété de produits locaux qui ne sortent pour ainsi dire pas de l'enceinte d'un pays qui ne font que se concurrencer les uns les autres, et qui subissent à peine l'influence des produits étrangers. Nous constatons cependant que ces produits locaux ont été entraînés par la baisse générale.

**M. Jaurès**. — Quels sont ces produits locaux ? (*Rumeurs au centre*).

**M. le président du conseil**. — Laissez-moi, je vous prie, m'expliquer, je ne vous ai pas interrompu.

**M. Jaurès**. — Nous demandons simplement quels sont les produits locaux qui ne sont pas affectés par la concurrence internationale.

**M. le président du conseil**. — Est-ce que la pomme de terre a été atteinte par cette concurrence internationale ? Non, n'est-ce pas ? Et cependant elle l'est par la concurrence intérieure.

Il est une seconde raison qui ne permet pas d'attribuer une influence décisive à la baisse du fret ; c'est que les prix continuent à baisser depuis plusieurs années, bien que le taux du fret n'ait pas changé. Nous avons assisté à une baisse considérable du fret, mais qui, cependant, a pris fin. Il apparaît, au contraire, que la baisse sur les produits du sol ne subit aucune espèce d'arrêt.

Il faut donc chercher ailleurs. On l'a fait, et on a eu raison. On a tout de suite découvert une seconde cause, une cause bien connue dans l'industrie surtout, où elle joue un très grand rôle, et qui s'appelle la surproduction qui avait amené cette baisse de tous les produits. Il n'est pas douteux qu'il faut lui faire sa part, bien qu'elle soit beaucoup moins considérable qu'en matière industrielle, car le mode de production est tout à fait différent. En industrie on peut produire d'une façon indéfinie, on peut construire des usines autant qu'on le veut ; l'outillage se perfectionne chaque jour et accroît dans les proportions de son perfectionnement la production elle-même. La terre, elle, n'opère pas de pareilles miracles ; sa superficie est limitée et elle ne peut élever ses rendements au-delà de la mesure fixée par la nature elle-même. La surproduction en matière agricole ne conduit donc pas aux mêmes effets qu'en matière industrielle. (*Très bien ! Très bien !*)

Cependant je ne nie pas que sur un certain nombre de produits agricoles, de ceux surtout qu'on peut considérer comme produits industriels, parce qu'ils proviennent des industries annexes de l'agriculture, la surproduction ne soit parvenue à faire sentir ses effets. Il n'est pas douteux, par exemple, que la surproduction soit pour quelque chose dans les cours des sucres et des alcools. Mais, en dehors des produits comme ceux-là, la surproduction ne suffit pas à donner l'explication que nous cherchons.

C'est surtout vrai pour le blé. Les statisticiens anglais ont établi d'une façon mathématique, par l'étude attentive de la récolte annuelle de tous les pays du monde, que si la production générale du blé avait augmenté d'une façon sensible, — ce qui est indéniable, — elle n'était pas parvenue cependant à suivre l'augmentation de la population : si bien que, loin de rencontrer surproduction du blé dans le monde, on trouve qu'il y a plutôt insuffisance. Ce n'est donc pas la surproduction qui peut expliquer seule la baisse d'un produit international comme le blé.

**M. Desfarges**. — On n'en consomme pas assez, voilà la vraie raison !

**M. le président du conseil**. — Cette part faite aux deux facteurs que je viens d'indiquer, l'abaissement du fret et la surproduction, n'y a-t-il pas une autre cause qui mérite d'attirer notre attention ?

Il est impossible de passer sous silence un fait considérable que je signale à l'attention de la Chambre, et qui, je crois, est à l'abri de toute contestation. On a fini par remarquer que, dans les pays qui ne se servent comme étalon monétaire que de l'argent, les produits agricoles et industriels avaient conservé la même valeur en argent, tandis que, au contraire, dans les pays à étalon d'or, les mêmes produits avaient baissé de 50 p. 100.

C'est là, messieurs, un fait considérable, qui mérite bien un instant d'examen.

Il est affirmé par les autorités les plus considérables et les plus indiscutables. Le gouvernement anglais a nommé, en 1887, une grande commission chargée d'examiner la question et de se prononcer sur le rôle, au point de vue économique, de l'étalon monétaire. Je voudrais éviter les citations dans une matière aussi aride ; mais vous me permettrez bien de mettre sous vos yeux les conclusions de cette commission qui tiennent en quelques lignes et qui sont décisives.

Voici ce que dit la *Gold and silver commission* :

« En même temps que se produisait la baisse du prix de l'argent en or, une baisse générale des prix en or, avait lieu en Angleterre, qui, possède l'étalon d'or ; tandis que, dans l'Inde, la roupie conservait son pouvoir d'achat et que les prix en argent demeuraient fermes. Il en résulte que la valeur de l'argent n'a pas baissé en elle-même, bien qu'elle ait largement baissé dans sa valeur relative avec l'or ; de là, deux résultats favorables à l'Inde et contraires à l'Angleterre, du moins jusqu'à ce que les prix parviennent à l'équilibre. La production dans l'Inde est favorisée aux dépens du producteur de blé en Angleterre, de même que le manufacturier dans l'Inde est favorisé aux dépens des manufacturiers en Angleterre.

« Le manufacturier anglais est atteint dans ses ressources par le change. Quant à l'agriculteur anglais, il vend son blé proportionnellement moins cher que le ryot parce que le prix est resté le même dans l'Inde et qu'il a baissé en Angleterre. Dans l'Inde, pays à argent, maintient des prix ; en Angleterre, pays à or, baisse des prix. »

Ces conclusions de la grande commission constituée par le gouvernement anglais ont reçu depuis une confirmation formelle dans les rapports des consuls anglais et même des consuls français. La même thèse a été soutenue notamment par M. Jameston, consul général d'Angleterre à Shanghaï, dans sa fameuse brochure sur la question de l'argent pour l'Europe et l'Asie. Elle a été reprise et précisée pour le Japon par notre consul général M. Klobukowski.

Le fait n'est pas niable et la cause en est facile à trouver. C'est que l'argent a gardé toute sa valeur dans les pays qui se servent de l'étalon d'argent, tandis que l'or a haussé parce qu'il a conservé seul le privilège de la frappe libre et qu'il est devenu ainsi la seule monnaie internationale acceptée partout, pendant que l'argent devenait une simple marchandise. Il en résulte que tous les produits évalués en or ont dû hausser, puisque, avec la même quantité d'or, on peut aujourd'hui se procurer une quantité double de produits.

Je confie cette simple observation à l'attention de la Chambre, parce qu'elle contient en germe, on peut le dire, toute la question monétaire.

Je ne veux pas traiter cette question aujourd'hui. La Chambre en devine aisément la raison : elle me mènerait trop loin. L'occasion se présentera, sans doute, un jour, pour moi, de rompre des lances avec les monométallistes

Je suis d'ailleurs prêt à leur faire, sur les avantages de la monnaie d'or, toutes les concessions qu'ils voudront. Je leur accorderai volontiers que c'est la monnaie saine par excellence, la meilleure, la plus maniable, qu'il serait très désirable qu'il n'y ait jamais eu que cette monnaie au monde, et que c'est celle de l'avenir.

Mais les monométallistes ne peuvent malheureusement pas empêcher qu'il y ait 900 millions d'êtres humains qui ne connaissent que l'argent, qui ne se servent que de l'argent, qui ne font leur commerce qu'avec l'argent, et ne veulent pas d'or. (*Très bien ! Très bien !*)

En face de ces 900 millions d'êtres humains qui ne connaissent que l'argent il y a, je le reconnais, 400 millions de monométallistes or. Il est bien vrai que ces 400 millions appartiennent aux nations les plus riches, les plus puissantes, à celles qui sont les créancières du monde entier. Mais ces nations seraient bien imprudentes de s'enivrer de leur grande situation, de leur puissance actuelle, et de mépriser leurs adversaires ; car ces adversaires des pays à étalon d'argent sont des peuples jeunes, vigoureux, qui ont la main-d'œuvre à bon marché, qui n'attendent que des ingénieurs et des contremaîtres, et qui les ont déjà.

Si on ajoute à ces avantages ceux que leur offre l'étalon d'argent qui leur permet de vendre leurs produits à vil prix sur nos marchés, qui leur sert de barrière douanière chez eux et favorise le développement de leur industrie, il ne faudra pas s'étonner qu'un jour le déplacement des forces s'opère à leur profit et au grand détriment des nations si fières de leur étalon d'or.

Nous sommes malheureusement impuissants à trancher la question tout seuls : elle est, avant tout, d'ordre international. Aucun gouvernement ne peut la résoudre dans le sens de ses idées. Il ne peut que s'efforcer de faire prévaloir les solutions qui lui paraissent les meilleures.

Sur ce point, nous croyons avoir fait notre devoir ; car je n'ai pas l'habitude d'abandonner au pouvoir les opinions que j'ai toujours défendues. Aussi, cette année, quand l'occasion s'est présentée pour nous de faire avec le gouvernement des Etats-Unis un effort diplomatique auprès d'une nation voisine en vue de rétablir un rapport fixe entre l'or et l'argent, nous l'avons tenté. Nous ne demandions pas, cependant, le rétablissement de la frappe libre de l'argent, qui ne nous paraît pas indispensable ; nous nous bornions à réclamer un ensemble de mesures de nature à rétablir ce rapport et à mettre un terme à l'anarchie monétaire qui règne dans le monde et qui jette un si grand trouble dans le commerce international.

Nous n'avons pas, je n'éprouve aucun embarras à le dire, réussi dans cette démarche. Je ne la regrette pas néanmoins ; elle était juste et elle produira ses résultats plus tard. Car je suis convaincu qu'un jour viendra où la force des choses obligera les nations européennes à envisager ce problème et à le résoudre. Je souhaite que d'ici là l'humanité ne souffre pas de l'indécision qui ajourne sans cesse la solution d'une question aussi importante. (*Très bien ! très bien ! au centre et à droite. — Interruption à l'extrême gauche*).

**M. Jaurès**. — C'est la solution gouvernementale. Est-ce la seule ?

**M. le président du conseil**. — Monsieur Jaurès, vous parlez un peu trop tôt. Quand vous aurez entendu mon discours, vous verrez qu'elle n'est pas la seule et j'attendrai votre réponse avec curiosité. (*Applaudissements au centre et sur plusieurs bancs à gauche et à droite*).

**M. Jaurès**. — La ferez-vous afficher aussi ? (*Applaudissements et rires à l'extrême gauche*).

**M. le président du conseil**. — L'affichage vous fait donc bien peur ? (*Applaudissements au centre et sur plusieurs bancs à gauche*).

Je voudrais bien maintenant, messieurs, revenir à la France. Puisque nous ne pouvons rien pour modifier les prix à l'étranger et relever notre marché, voyons ce que nous pouvons faire chez nous pour atteindre ce but.

La situation de l'agriculteur, telle que je viens de vous la dépeindre, est celle d'un industriel qui vendrait ses produits de plus en plus mal et qui se trouverait obligé de supporter toujours le même prix de revient. L'écart entre son prix de vente et son prix de revient allant sans cesse en s'élargissant, ce serait évidemment la ruine à brève échéance.

Que ferait un industriel intelligent en pareil cas ? Il opèrerait de deux côtés à la fois : il rechercherait les moyens de relever ses prix de vente et tâcherait de diminuer ses prix de revient. La situation de l'agriculture est exactement la même, l'agriculture devenant de plus en plus une industrie.

C'est sur ce terrain que je vais poser le problème devant vous ; car il a deux faces. Il faut savoir quels moyens l'agriculture peut employer pour relever ses prix de vente ; c'est le premier but à atteindre. Nous verrons ensuite ce qu'elle pourrait faire pour réduire ses prix de revient. Nous examinerons en même temps ce que le Gouvernement a fait, soit pour aider l'agriculteur à relever ses prix de vente, soit pour l'aider à diminuer ses prix de revient. (*Très bien ! très bien !*)

J'aborde la première partie de ma thèse. Comment l'agriculture peut-elle arriver à relever ses prix de vente ? Le premier moyen qu'il lui faut employer, c'est assurément, — il est tout indiqué, — de se mettre chez elle à l'abri de la concurrence étrangère dont je viens de parler et qui pèse d'une façon si redoutable sur notre marché. C'est de cette idée très simple qu'est sorti le régime économique que nous avons institué depuis quinze ans, et dont je suis fier, je n'hésite pas à le dire, car je crois avoir contribué pour quelque chose à son avènement en France. (*Applaudissements au centre et sur plusieurs bancs à gauche et à droite*). Et je ne sache pas que, pendant les longues luttes que j'ai eu à soutenir, ceux qui le trouvent insuffisant aujourd'hui aient été derrière moi pour le défendre.

Ce régime économique n'est plus aujourd'hui attaqué sérieusement par personne, et il ne peut pas l'être parce que les faits l'ont pleinement justifié. Ils ont établi avec la clarté de l'évidence que, sans lui, notre agriculture aurait été hors d'état de soutenir l'effort de la concurrence étrangère et qu'elle marchait à une ruine certaine. (*Très bien ! très bien !*)

Je sais qu'on nous dit que ce régime est devenu insuffisant. Je le reconnais. Mais pourquoi ? Parce que, depuis que nous l'avons institué, depuis 1892, les choses ont marché, vous savez dans quel sens. Les prix ont continué à baisser, et cette baisse nouvelle a absorbé, comme c'était inévitable, une partie du droit de douane lui-même. Mais si ce régime est insuffisant, il n'est pas niable qu'il agit et produit son effet utile. Il n'est pas niable que les agriculteurs français sont, à ce point de vue, dans une situation infiniment meilleure que ceux des pays voisins.

Quant au gouvernement, il continue à faire son devoir, tout son devoir, en défendant avec la dernière énergie ce régime économique qui est la sauvegarde indispensable de notre production agricole, et, quand il le faut, en relevant les tarifs de douane qui lui paraissent insuffisants.

**M. Jules Guesde.** — Le pain n'est pas encore assez cher ? (*Bruit.*)

**M. le président du conseil.** — Vous nous expliquerez comment vous pouvez concilier votre observation avec l'intérêt de l'agriculture. Il faudrait pourtant choisir et dire si vous entendez sacrifier l'agriculture à l'intérêt des consommateurs, comme votre interruption le laissé supposer. Expliquez-nous comment vous pouvez maintenir le prix du pain et relever le prix du blé. J'attends que vous fassiez cette démonstration. (*Très bien ! très bien !*)

*A l'extrême gauche.* — Vous ne faites rien pour diminuer le bénéfice des intermédiaires !

**M. le président du conseil.** — Nous allons en venir aux intermédiaires puisque vous m'y amenez.

**M. Dejeante.** — Et les spéculateurs !

**M. le président du conseil.** — L'agriculture ne souffre pas seulement de la concurrence étrangère, elle souffre aussi, je le reconnais, de la concurrence intérieure. Cette concurrence intérieure est des plus légitimes. Elle est une garantie pour le consommateur contre l'élévation excessive des prix. Nous ne songeons pas à y porter atteinte, mais à une condition : c'est que le profit engendré par la concurrence intérieure n'aille pas presque exclusivement soit aux intermédiaires, soit aux spéculateurs. (*Très bien ! très bien !*)

**M. Dejeante.** — Ce sont ceux-là qu'il faut surveiller et combattre. (*Applaudissements à l'extrême gauche*).

**M. le président du conseil.** — Nous allons voir ce qu'on peut faire et je vais vous prouver qu'au lieu de déclamer comme vous dans le vide contre les intermédiaires et les spéculateurs, nous cherchons les moyens de diminuer leur action dans ce qu'elle a d'excessif. (*Applaudissements au centre et sur plusieurs bancs à gauche et à droite.*)

Il n'est pas douteux que, dans l'alimentation publique, l'intermédiaire joue un rôle trop considérable au détriment de l'agriculteur ; il n'est pas douteux qu'entre le producteur et le consommateur il y a trop d'échelons. Je suis prêt à reconnaître et à proclamer l'utilité des intermédiaires. Beaucoup sont à leur place. Mais il ne faut pas qu'ils se multiplient outre mesure. Leur nombre a malheureusement augmenté, depuis quinze ans dans des proportions excessives et il en résulte ce phénomène étrange que, pendant que l'agriculteur vend ses produits à des prix de plus en plus avilis, le consommateur les paye toujours aussi cher ou presque aussi cher. (*Applaudissements ironiques à l'extrême gauche.*)

*A l'extrême gauche.* — Voilà les beaux résultats de votre ordre social !

**M. Defarges.** — Qu'allez-vous faire pour empêcher ces abus !

**M. le président du conseil.** — Messieurs, j'ai coutume d'enchaîner mes idées, et vous voulez que je dise tout à la fois. Il me semble pourtant, et mes paroles le prouvent, que je ne recule pas devant l'objection. (*Très bien ! très bien !*)

Je disais que le nombre des intermédiaires avait augmenté outre mesure dans les industries d'alimentation, ce qui a forcément augmenté leurs prélèvements sur le consommateur. Il suffit, pour s'en convaincre, de consulter le tableau statistique du ministère du commerce où se trouve indiqué, catégorie par catégorie, le nombre des intermédiaires. Ce tableau ne va malheureusement pas au-delà de 1891 ; mais il résulte des renseigneme ts qui m'ont été fournis, qué le mouvement qu'il accuse s'est continué depuis.

Je lis dans ce document que le nombre des hommes employés à l'alimentation, qui était de 239,000 en 1836, s'est élevé à 263,000 en 1891.

Et, messieurs, — chose triste à dire ! — c'est dans cette catégorie des intermédiaires que se retrouve une partie de ces petits journaliers propriétaires qui ont disparu des campagnes et dont je constatais avec regret le départ à la dernière séance. Ils ont émigré dans les grandes villes pour y exercer ces petits commerces innombrables où ils croient trouver plus de profit que dans l'agriculture et où ils sont obligés de s'arracher la clientèle pour vivre. Beaucoup voudraient revenir à la terre s'ils le pouvaient.

Pour limiter l'intervention et le rôle des intermédiaires à de justes proportions, on peut employer un grand nombre de moyens. Quels sont ces moyens ? Certains dépendent des agriculteurs eux-mêmes et d'autres des pouvoirs publics.

Le moyen qui dépend des agriculteurs, qui est à leur portée, c'est de constituer des sociétés coopératives de production et de consommation (*Très bien ! très bien !*) qui créent des relations de plus en plus directes avec le consommateur et qui limitent les prétentions des intermédiaires. Les agriculteurs retrouveront ainsi, par la vente directe qu'ils opèreront eux-mêmes, une partie du profit qu'ils perdent aujourd'hui. (*Très bien ! très bien ! au centre.* — *Bruit à l'extrême gauche*).

**M. Gauthier.** — (de Clagny). — C'est la condamnation à mort du petit commerce ! (*Bruit !*)

**M. Jaurès.** — Vous n'avez pas d'autre solution que la suppression de la classe moyenne !

**M. le président du conseil.** — Vous ne m'avez pas compris, ou plutôt vous affectez de ne pas me comprendre.

Les sociétés coopératives contiennent les intermédiaires et ne les détruisent pas ; elles servent seulement de régulateur au marché. L'agriculture est déjà entrée dans cette voie et elle a fait des expériences qui ont pleinement réussi. C'est sur cette idée que reposent, par exemple, les fruitières, qui en matière de production fromagère, rendent de si grands services.

Vous savez ce qu'est la fruitière : les agriculteurs d'une région portent leur lait à un petit établissement industriel agricole qui forme le centre de leur production. Cet établissement transforme le lait en fromages, fait à chacun son compte et s'adresse directement à la clientèle. Les agriculteurs trouvent dans cette organisation coopérative le maximum du prix qu'ils peuvent espérer de leur production fromagère, et ils n'ont pas pour cela supprimé les marchands de fromage. (*Très bien ! très bien !*).

Des tentatives du même genre, mais plus rares à cause des difficultés de recrutement du personnel, ont été faites dans un certain nombre de grandes villes, où l'on a créé des boucheries coopératives.

A Lyon, plusieurs de ces boucheries ont été ouvertes dans ces dernières années, et l'on a constaté que la conséquence de leur installation avait été de relever immédiatement le prix du bétail, dans les mains du producteur. (*Très bien ! très bien !*) Les prix ont augmenté de 15 à 30 francs par tête de bœuf, de 5 fr. par tête de veau, de 2 fr. par tête de mouton.

A Nîmes, on a fondé une boucherie coopérative, qui a donné les mêmes résultats. A Avignon, je constate encore que, dès l'ouverture de la boucherie coopérative, le prix de la viande a baissé de 35 centimes par kilogramme, tandis que celui du bétail augmentait de 10 centimes.

On peut constater ainsi une double action salutaire des sociétés coopératives qui obtiennent ce résultat intéressant de profiter à la fois au producteur et au consommateur.

C'est sur cette idée que repose également la création des sociétés viticoles du Midi, qui ont installé des comptoirs dans les grandes villes pour y vendre les bons vins naturels du Midi.

**M. Henri Ricard** (Côte-d'Or). — Et de la Bourgogne.

**M. le président du conseil**, — Parfaitement! de la Bourgogne aussi.

C'est là encore une des nombreuses applications de la coopération. (*Très bien! très bien!*)

**M. Desfarges**. — C'est du socialisme que vous faites là.

**M. le président du conseil**. — C'est, en tous cas, de l'excellent socialisme. Tâchez d'en faire comme celui-là. (*Très bien! très bien!*).

**M. le comte de Lanjuinais**. — Ce n'est pas là du socialisme, puisque l'État n'intervient pas: c'est la mise en action du principe d'association.

**M. le président du conseil**. — Voilà, messieurs, le premier moyen mis à la disposition des agriculteurs et par lequel on pourrait déjà résoudre en partie la question des prix.

Mais je conviens que, dans cette voie, le gouvernement a aussi un devoir à remplir, il doit faire tous ses efforts, par voie administrative ou législative, pour rapprocher de plus en plus le producteur et le consommateur. (*Très bien! très bien!*)

C'est le principe même de la loi excellente que vous discutiez hier sur la suppression des octrois. L'honorable M. Millerand nous disait que c'était de la réclame électorale. Eh bien! c'est de la très bonne réclame électorale, et je souhaite qu'il en fasse beaucoup comme celle-là. (*Très bien! très bien!*)

Quant à nous, nous considérons que la suppression des octrois sur les boissons hygiéniques est une des meilleures mesures qu'on puisse prendre dans l'intérêt des producteurs et des consommateurs. (*Très bien! très bien!*)

**M. Millerand**. — Oui, si c'était vrai, si la suppression était réelle.

**M. le président du conseil**. — Elle ne sera pas seulement profitable aux ouvriers des villes auxquels elle assure une alimentation à bon marché, des produits sains et de bonne qualité; elle sera aussi utile pour nos producteurs agricoles, car elle supprime une barrière qui permet trop souvent d'augmenter les prix à leur détriment. Elle a également l'avantage, si justement signalé, hier, à cette tribune, d'empêcher des falsifications qui, non seulement sont désastreuses pour la santé publique, mais qui constituent une concurrence directe aux produits naturels de l'agriculture. (*Très bien! très bien!*)

Supprimer les falsifications qui se pratiquent derrière les barrières d'octroi, c'est donner à notre agriculture et surtout à notre viticulture de nouveaux et vastes débouchés. (*Très bien! très bien!*)

J'espère que la Chambre votera cette loi. En tout cas, le gouvernement fera tous ses efforts pour qu'elle aboutisse. On disait hier qu'elle n'était pas parfaite. Assurément, aucune loi n'est parfaite, on l'ajourne indéfiniment, c'est qu'on n'en veut pas, au fond, et qu'on cherche un moyen commode de maintenir le *statu quo.*

Les octrois ont des adversaires très ingénieux qui ont toujours poursuivi la politique de l'absolu. De même que dans le régime des boissons on demande le dégrèvement général des boissons quand on ne veut pas du dégrèvement partiel, de même on impose à la suppression des octrois des conditions inacceptables pour conserver les octrois eux-mêmes. C'est une responsabilité que, quant à nous, nous ne prendrons pas. (*Très bien! très bien!*)

En même temps que nous faisons la guerre aux falsifications qui se passent derrière la barrière de l'octroi, nous les poursuivons sur tous les terrains où nous les avons trouvées (*Très bien! très bien!*); car j'ai le regret de dire que nous vivons à une époque de falsification générale.

La science, qui rend tant de services, favorise, malheureusement, trop souvent la fraude. Nous avons été obligés de la combattre, je le répète, sur tous les terrains. C'est pour cela que nous avons fait la loi sur les vins artificiels, qui produira d'excellents effets le jour où elle sera appliquée avec fermeté et où les tribunaux se montreront un peu sévères pour ces fraudes qui font tant de mal à la santé publique. (*Très bien! très bien!*)

C'est dans la même pensée que nous avons fait la loi pour réprimer la fraude dans la vente des beurres, qui nuit si fort à leur commerce à l'intérieur et qui compromet notre exportation à l'étranger. (*Très bien! très bien!*)

Vous voyez, messieurs, que de ce côté nous avons fait tout ce qui dépendait de nous pour augmenter les débouchés de l'agriculture.

Nous avons aussi pensé que c'était améliorer la vente que de favoriser les moyens de transport du produit lui-même. Réduire les prix de transport, n'est-ce pas permettre à l'agriculture d'écouler ses produits dans de meilleurs conditions en leur ouvrant un marché plus large? (*Très bien! très bien!*)

C'est dans cet esprit que nous avons pris l'excellente mesure de la création des colis postaux de 10 kilos, mesure, très modeste en apparence, qui aura, j'en suis convaincu, une immense portée (*Très bien! très bien!*), car, grâce à elle, les petits ménages pourront, surtout quand les octrois seront supprimés, s'approvisionner directement. Elle étendra dans des proportions considérables la clientèle de notre culture maraîchère et horticole, et je suis convaincu qu'avant peu, lorsque les habitudes nouvelles se seront créées, l'agriculture en aura le principal profit. (*Très bien! très bien!*)

Nous avons aussi essayé, dans la mesure où nous le pouvions, d'agir par les tarifs de chemins de fer, et l'honorable M. d'Estournelles était bien sévère et bien excessif quand il prétendait que rien n'avait été fait de ce côté.

**M. d'Estournelles.**, — Je vous demande pardon, monsieur le président du conseil, mon langage n'a pas été aussi absolu.

**M. le président du conseil.** — La vérité, c'est que tous les ans de nouvelles concessions sont demandées et obtenues des compagnies. Nous avons obtenu, depuis deux ans, des concessions sur le tarifs des vins, sur le tarif des fourrages, sur le tarif des engrais, sur le tarif des nitrates; et enfin, récemment, à la suite de la hausse du prix du blé, des concessions considérables nous ont été faites sur les tarifs des céréales.

**M. d'Estournelles.** — Permettez-moi de résumer d'un mot l'opinion que j'ai exprimée: j'ai dit que l'organisation insuffisante de nos transports nous mettait dans un état d'infériorité évidente par rapport à nos concurrents. (*Applaudissements à gauche et à l'extrême gauche*).

Il n'y a là rien de sévère ni d'excessif, mais je ne veux pas entraver votre discussion, monsieur le président du conseil, et je me réserve, si vous le voulez bien, de préciser ma démonstration à l'occasion de la discussion prochaine du budget des travaux publics. (*Très bien! sur les mêmes bancs.*)

**M. le président du conseil.** — J'accepte le rendez-vous que vous voulez bien nous donner; le gouvernement vous montrera à ce moment, chiffres en mains, tout ce qui a été fait durant ces dernières années. Assurément, ce n'est pas tout ce que nous voudrions, mais c'est déjà beaucoup. Vous n'ignorez pas que si les compagnies ne peuvent pas aller plus loin dans la voie des concessions, c'est que nous sommes les premiers à leur demander de ne pas trop relever la garantie d'intérêts. La mesure dans laquelle elles peuvent accueillir nos réclamations est limitée par l'intérêt du Trésor lui-même.

Mais je persiste à dire que, de ce côté-là, nous avons fait un effort considérable. Je pourrais ajouter que le projet de loi excellent, sur le rachat des canaux du Midi, complète toute cette série de mesures et donne de nouvelles et importantes facilités aux transports dans tout le rayon des départements du Midi. (*Très bien ! très bien !*)

J'en ai fini, messieurs, sur ce point. Vous voyez comment on pourrait, par un ensemble de moyens bien combinés, arriver à relever les prix en donnant au producteur une action plus directe sur la vente.

Mais me dit-on, il y a aussi le spéculateur. Eh! oui, il y a le spéculateur, et il profite souvent, je le reconnais, de la baisse des prix.

Il est certain que ce qui peut avilir les prix des produits agricoles, c'est que la vente en matière agricole se fait dans des conditions toutes spéciales, et ne s'opère pas comme en matière industrielle. L'industriel ne vend pas ses produits à jours fixe : il choisit comme il lui plait l'époque de la vente : il peut l'avancer ou la retarder à sa volonté. L'agriculteur a, malheuseusement, des besoins qui ne lui permettent pas d'attendre et de vendre comme il veut. S'il est fermier, il lui faut de l'argent au moment où il doit acquitter son fermage ; s'il est propriétaire, il lui en faut pour rembourser les avances qu'il a faites à la terre.

**M. Toussaint.** — Il fallait faire la banque agricole, alors. (*Très bien !* à *l'extrême gauche.*)

**M. le président du conseil.** — Vous paraissez ignorer qu'elle est faite.

**M. Toussaint.** — Nous allons voir.

**M. le président du conseil.** — Je répète que l'agriculteur est obligé de vendre les produits de sa récolte à une époque fixe, qui est d'habitude celle qui suit la récolte. C'est ainsi, notamment, que pour la vente des blés nous assistons chaque année à un spectacle douloureux.

Nos agriculteurs sont obligés de jeter leur blé sur le marché presque tous en même temps, parce que tous ont des besoins d'argent. Si ces blés pouvaient aller directement à la consommation, celle-ci en aurait au moins le profit ; mais ce n'est pas ainsi que les choses se passent. La consommation ne peut absorber toute seule et à un même moment une pareille quantité jetée sur le marché. Qu'arrive-t-il par le jeu naturel des lois économiques ? C'est que ce sont les spéculateurs — et ils sont dans leur rôle — qui achètent cette masse considérable de blé et qui la gardent en réserve. Et puis, quand tout le blé qui existait dans les greniers des agriculteurs a disparu, quand le vide s'est fait et qu'on approche de l'époque critique où s'opère la soudure des deux récoltes, alors la spéculation jette son blé sur le marché, en réalisant sur les prix des bénéfices considérables... (*Bruit.*)

**M. Jaurès.** — Combien de spéculateurs avez-vous poursuivis ?

**M. le président du conseil.** — ... si bien que le cultivateur a vendu bon marché un blé qui est payé très cher par le consommateur. (*Bruit.*)

**M. Géraud-Richard.** — Vous faites là le manuel du parfait spéculateur.

**M. le président du conseil.** — Comment remédier à un pareil état de choses ? Ce n'est pas par des lois draconiennes qu'on y arrivera. Il y a un meilleur remède, un remède plus efficace, et il est tout indiqué ; il consiste, pour permettre à l'agriculteur de choisir le moment où il pourra vendre, à lui faire des avances qui lui permettent d'attendre et de conserver son blé chez lui.

Que fait l'industriel en pareil cas ?

Il va porter sa marchandise aux magasins généraux où on la warrante ; il reçoit une avance avec laquelle il peut attendre l'instant favorable pour réaliser sa marchandise.

Eh bien, nous avons pensé — et ce n'est pas une découverte — qu'on pouvait faire une opération semblable pour l'agriculture. (*Très bien ! très bien ! au centre.*)

Il faut seulement la faire en tenant compte de la différence des deux genres de production. Nous ne pouvons pas songer à demander à l'agriculteur de porter ses produits dans des magasins généraux, parce qu'ils sont lourds et encombrants, qu'ils nécessiteraient des frais de transport considérables et des commissions onéreuses qui absorberaient tout le profit de l'opération.

Pour résoudre le problème, notre collègue, M. Delaunay a trouvé la vraie solution, qui consiste à autoriser l'établissement du gage, sans déplacement, chez l'agriculteur. J'ai, de mon côté, saisi le conseil supérieur de l'agriculture de la même question, et il a été élaboré un projet complet sur la matière des warrants agricoles. Ces deux projets font l'objet de l'étude d'une de vos commissions, qui — j'en ai l'assurance, après avoir eu avec elle une conférence hier — sera en état de déposer son rapport dans quelques jours et, si vous le voulez bien, avant la fin de l'année, la loi sera votée et la réforme réalisée. (*Très bien! très bien! sur les mêmes bancs.*)

C'est ainsi que, sans toucher aux marchés à terme, vous aurez fait ce qu'il y a de plus efficace pour réfréner la spéculation. (*Très bien! très bien!*)

Cela ne vous empêchera pas d'employer d'autres moyens si vous en trouvez ?

**M. Millerand.** — Si vous en trouvez ?

**M. le président du conseil.** — Assurément, on en trouvera d'autres encore ; mais je n'hésite pas à dire qu'il faut commencer par les mesures pratiques quand on veut résoudre des problèmes de cette importance. Si vous voulez avoir raison de la spéculation malsaine, de celle qui n'est qu'un jeu pur, il faut chercher des moyens qui atteignent le but ; ils vaudront mieux que les attaques et les déclamations creuses et vides que vous apportez tous les jours à cette tribune contre la spéculation et les spéculateurs. (*Applaudissements.*) — J'en ai fini, messieurs, avec cette première partie de ma démonstration. Vous voyez qu'il ne faut nullement désespérer, si chacun veut faire sa part d'efforts, d'arriver à un relèvement des prix des denrées agricoles. Pour atteindre ce but, il faut que nos agriculteurs, comme nos industriels, acquièrent une vertu qui est encore nouvelle pour eux : il faut qu'ils deviennent un peu commerçants.

*A l'extrême gauche.* — C'est cela !

**M. le président du conseil.** — Aujourd'hui, il ne suffit pas de produire, il faut vendre. L'agriculture et l'industrie sont dans la même situation à ce point de vue, et, pour bien vendre, il faut savoir organiser la vente et ne pas la livrer au hasard. Je viens d'indiquer à la Chambre les moyens d'y arriver, moyens si simples et parfaitement légitimes qui n'ont rien de collectiviste. (*Très bien, très bien !*)

J'arrive maintenant à la seconde partie de ma thèse.

Je vous ai dit que, pour rendre service à l'agriculture, après avoir cherché à relever les prix de ses produits, on pouvait encore venir à son secours sous une autre forme en l'aidant à abaisser les prix de revient.

Diminuer les prix de revient, c'est en effet comme si l'on relevait directement les prix de vente, puisque l'on augmente ainsi la recette totale par hectare.

La recherche de la diminution du prix de revient est donc tout à fait dans le sujet. Peut-on y arriver en matière agricole ? Le prix de revient de l'agriculteur se compose, — comme pour l'industriel ! — de trois grands facteurs : la main-d'œuvre, les frais généraux et la production elle-même, ce qu'on appelle le rendement.

Je ne dirai qu'un mot de la main-d'œuvre ; il est certain que personne ne peut songer et que personne ne songe à diminuer le prix de revient des produits agricoles en diminuant le taux de la main-d'œuvre.

**M. Jaurès.** — Elle a baissé.

**M. le président du conseil.** — Vous avez raison, elle est déjà insuffisante.

**M. Jules Guesde.** — Alors, il faut la relever.

**M. le président du conseil.** — Elle a baissé, en effet, depuis 1882, pour les journaliers agricoles dans des proportions faibles, il est vrai, mais qui n'en sont pas moins très fâcheuses et qui varient entre 5 centimes et 13 centimes par jour.

**M. Dejeante.** — Voilà la cause de la dépopulation.

**M. le président du conseil.** — Elle a, en revanche, un peu augmenté pour les valets de ferme, pour les domestiques à l'année, mais dans une proportion dont je reconnais aussi la faiblesse et qui varie entre 19 fr. et 28 fr. par an.

Il n'est donc pas douteux que notre effort ne doit pas tendre à abaisser les salaires, mais à les relever; c'est le but que nous poursuivons, et si nous recherchons les moyens qui doivent permettre à l'agriculteur de mieux vendre ses produits, c'est pour qu'il puisse mieux payer ses ouvriers.

*A gauche.* — Il n'a qu'à employer des ouvriers français.

**M. Jaurès.** — Les ouvriers se le rappelleront. Vous leur créez un droit.

**M. Jules Guesde.** — Sans le moyen de le faire valoir.

**M. le président du conseil.** — Assurément, nous leur créons un droit, mais c'est un droit naturel qui existe déjà pour tous les ouvriers français. Il est trop évident que, quand la situation d'un industriel est prospère, il paie d'autant mieux ses ouvriers; quand la situation de l'agriculteur sera prospère, il paiera mieux aussi ses ouvriers et ses journaliers. Notre but, je le répète, est d'augmenter les salaires, et, à ce point de vue, nous travaillons pour les journaliers agricoles autant et plus que vous. (*Vifs applaudissements au centre et sur plusieurs bancs à gauche et à droite.*)

Dans les frais généraux, il y a un autre chapitre très important, c'est celui des impôts.

Il n'est pas douteux que les impôts très lourds qui pèsent sur l'agriculture augmentent dans une proportion considérable son prix de revient. Ce n'est là un secret pour personne ; les charges fiscales, qui grèvent la terre, sont excessives ; elles ont considérablement augmenté depuis vingt ans, et représentent — je ne veux pas refaire une démonstration qui a été faite si souvent — 20 à 25 p. 100 du revenu au minimum.

**M. Gustave Rivet.** — Et même davantage.

**M. le président du conseil.** — C'est un fardeau trop lourd et il est urgent de l'alléger. Je l'ai proclamé bien souvent, je n'ai pas cessé de demander qu'on rétablisse l'équilibre entre la propriété mobilière et la propriété immobilière au point de vue des impôts. Sans doute, les charges de la propriété mobilière sont considérables aussi, mais il suffit de constater qu'elles sont de beaucoup inférieures à celles de la propriété immobilière pour qu'on soit autorisé à lui demander un supplément de concours.

Voilà pourquoi nous avons fait le dégrèvement de l'impôt foncier qui profite à tant de petits propriétaires, et pourquoi nous demandons aux valeurs mobilières, pour faire face à ce dégrèvement, une taxe supplémentaire indispensable à l'équilibre de notre budget.

Nous restons sur ce terrain solide où nous sommes toujours placés. Nous ne nous en sommes pas tenus là. C'est encore dans l'intérêt de la propriété immobilière et de l'agriculture que nous avons proposé la suppression de la contribution des portes et fenêtres et le remaniement de la taxe personnelle et mobilière qui doit profiter à des millions de petits contribuables. (*Très bien ! très bien !*)

J'espère qu'un jour viendra où nous pourrons aller plus loin encore et de dégrèvement en dégrèvement, arriver à la diminution des droits de mutation que la terre traîne comme un véritable boulet. (*Très bien très bien !*)

**M. Maurice Faure.** — Il faudrait commencer par là ?

**M. Couyba**. — C'est la réforme la plus urgente et la plus importante.

**M. le comte de Tréveneuc**. — C'est la seule réponse sérieuse.

**M. Berteaux**. — Il faudrait aussi voter l'impôt sur le revenu.

**M. le président du conseil**. — L'impôt sur le revenu, vous le savez bien, pèserait surtout sur la terre et la ruinerait davantage. J'ajoute que les propositions de réformes fiscales que nous vous avons faites — je l'ai établi maintes fois par des chiffres — doivent donner, par l'importance des dégrèvements, des résultats supérieurs à ceux que donnerait l'impôt sur le revenu lui-même, et cela sans inquisition ni taxation arbitraire (*Très bien ! très bien !*)

*A gauche*. — Avec la justice en moins.

**M. le président du conseil**. — Avec la justice en plus.

J'arrive au dernier élément qui constitue le prix de revient : ce sont les rendements. Il est bien évident que, plus les rendements par hectare sont élevés, plus les recettes augmentent, et plus les frais généraux décroissent. Par conséquent, l'élévation des rendements peut compenser, dans une certaine mesure, dans une large mesure même, la diminution des prix. Aussi est-ce de ce côté que l'agriculture se dirige depuis dix ans avec une persévérance infatigable à laquelle il faut rendre pleine justice.

M. Thierry Cazes reprochait, il y a quelques jours, à l'agriculture d'être routinière. C'était peut-être vrai autrefois ; c'est absolument faux aujourd'hui. (*Très bien ! très bien !*) Jamais l'agriculture n'a fait preuve, au contraire, d'un plus grand esprit d'initiative et de progrès que depuis dix ans.

**M. Gustave Rivet**. — Oui, les agriculteurs font des efforts, mais ils n'ont pas d'argent.

**M. le président du conseil**. — Vous allez voir ce que nous avons fait pour leur en procurer.

L'agriculture a compris que cette orientation nouvelle s'imposait à elle sous peine de mort. C'est pour la pousser dans cette voie que le gouvernement de la République a institué, depuis quinze ans, un enseignement agricole qui pénètre de plus en plus dans les couches profondes de la population.

**M. Guillemet**. — Il rend de très grands services.

**M. le président du conseil**. — M. d'Estournelles lui adressait certaines critiques de détail qui sont toujours faciles. Qu'il me permette de lui répondre que l'enseignement agricole en France se défend lui-même...

**M. d'Estournelles**. — Je lui ai rendu justice.

**M. le président du conseil**. — ...et si bien que, si voulez lire l'appréciation qui est portée sur lui dans tous les pays étrangers par les hommes les plus compétents, vous constaterez que l'organisation de notre enseignement agricole est considérée comme un modèle.

**M. d'Estournelles**. — Je l'ai constaté moi-même, monsieur le président du conseil, et je n'ai pas ménagé les éloges à notre enseignement, mais j'ai ajouté et prouvé qu'il était inefficace.

**M. le président du conseil**. — Après l'avoir développé au sommet, nous tâchons aujourd'hui de le développer en bas et de le démocratiser de plus en plus. Avant peu, tous les agriculteurs de France auront une science agricole suffisante pour appliquer les nouvelles méthodes et leur faire produire tous leurs résultats.

**M. Jaurès**. — Mais il faut des capitaux.

**M. le président du conseil**. — J'entends l'interruption de M. Jaurès, et j'y réponds. Il ne suffit pas, en effet, de donner à l'agriculture un enseignement de nature à lui permettre d'obtenir de gros rendements ; il faut lui fournir aussi les ressources indispensables pour cela. Nous n'y avons pas manqué, et l'étude de la législation faite depuis dix ans va vous le prouver. C'est précisément pour permettre à l'agriculture d'élever ses rendements qu'ont été institués des syndicats agricoles issus de la loi de 1884, qui ne croyait pas les enfanter, et qui ont pris depuis un si magnifique développement,

Ils sont rentrés aujourd'hui dans une voie des plus hardies, et ce qu'ils font tous les jours nous permet de juger ce dont ils sont capables. Ils ont commencé modestement, comme on a l'habitude en agriculture ; ils se sont bornés à l'origine à servir d'intermédiaires entre les fournisseurs et les agriculteurs pour permettre à ceux-ci de se procurer à bon marché des engrais, des semences et des machines.

Sur ce terrain, ils ont pleinement réussi. Le résultat obtenu a été merveilleux. Les syndicats ont provoqué ainsi un abaissement considérable des prix des engrais et des semences ; ils ont assuré la bonne qualité des livraisons de matières premières et permis aux agriculteurs de faire un premier essai, un essai timide, de crédit agricole.

Ce n'était d'abord qu'une ébauche ; il fallait aller plus loin et plus vite. Les syndicats l'ont compris. Il ne suffisait pas de mettre à la disposition des agriculteurs des engrais et des semences à bon marché ; il fallait encore leur donner de l'argent pour les payer, leur faire les avances nécessaires pour attendre l'époque de la récolte. C'est dans ce but qu'a été organisé le crédit agricole qui existait à peine il y a dix ans et qui n'a commencé à fonctionner un peu sérieusement que depuis la loi de 1894 qui a permis aux syndicats de se transformer en banques mutuelles agricoles.

La loi de 1894 a fait sortir de terre, dans différentes parties de la France, un nombre toujours croissant de petites banques qui ont donné déjà d'excellents résultats. Seulement, j'en conviens, elles ont été arrêtées dans leur marche par l'insuffisance des ressources dont elles pouvaient disposer.

Il faut, en effet, pour opérer sur un aussi vaste champ que l'ensemble de l'agriculture française, des capitaux considérables. C'est pour cela que nous avons proposé et que vous avez accepté d'attribuer les 40 millions d'avances à l'Etat et les 2 millions d'annuités créés par la convention avec la Banque de France à l'organisation de caisses régionales de crédit destinées à subventionner les banques locales et à leur fournir le fonds de roulement dont elles ont besoin. Ce sera le véritable complément de la loi de 1894 et le crédit agricole pourra prendre tout son essor.

J'espère déposer bientôt sur le bureau de la Chambre, le projet de loi qui doit organiser les caisses régionales. (*Très bien ! très bien ! au centre*).

**M. Desfarges**. — C'est insuffisant !

**M. le président du conseil**. — Vous êtes bien difficile à contenter.

Alors l'œuvre d'organisation du crédit agricole sera complète ; il ne dépendra plus que des agriculteurs de répondre à l'appel du législateur et d'en tirer tous les grands résultats qui doivent en sortir.

Pour ma part, j'ai la conviction que le crédit opérera avec le temps, dans la production agricole, une véritable révolution : il résoudra, bien avant qu'il ne soit résolu dans les villes, le problème du capital et du travail ; il fera disparaître un antagonisme qui n'est qu'apparent, en mettant sur le même pied les pauvres et les riches.. (*Applaudissements ironiques à l'extrême gauche. — Applaudissements au centre.*

**M. Gaston Doumergue**. — Voilà qui n'est pas ordinaire ! On voit bien que vous connaissez mal la situation des pauvres.

**M. le président**. — Messieurs, laissez parler l'orateur.

**M. le président du conseil**. — Je comprends que cela vous contrarie, parce que cela tue le socialisme. Il mettra, je le répète, sur le même pied les pauvres et les riches, en permettant au travailleur, qui a de l'intelligence, du courage et de l'esprit d'épargne, d'avoir du capital à sa disposition et de jouir des mêmes avantages que le capitaliste.

Du crédit agricole on devait aller naturellement et on a été tout de suite à l'assurance agricole, qui en est le complément nécessaire. C'est elle, en effet, qui donne au gage sa valeur, en assurant la sécurité du créancier.

Ici encore, les syndicats agricoles n'ont pas manqué à leur devoir.

Ils ont organisé, sur plusieurs points de la France, des assurances mutuelles contre la grêle, contre la mortalité du bétail, qui sont en plein fonctionnement. L'impulsion est donnée ; mais il faut l'accélérer, comme nous l'avons fait pour les petites banques de crédit mutuel agricole ; c'est pour cela que nous avons introduit dans le budget de cette année un article de la loi de finances qui autorise le gouvernement à transformer le chapitre des secours pour accidents, qui donne de si pauvres résultats, en une caisse de subventions pour les sociétés mutuelles d'assurance agricole contre la grêle et la mortalité du bétail. Si bien que, dès l'année prochaine, nous espérons bien susciter partout, grâce à la puissance de cet encouragement, des caisses d'assurance mutuelle agricole. (*Très bien ! Très bien !*)

**M. François Deloncle**. — Il faudrait attribuer à ces caisses d'assurance des fonds sur le pari mutuel.

**M. le président du conseil**. — Vous le voyez, messieurs, toutes ces œuvres que je viens d'énumérer, syndicats, sociétés de crédit et d'assurance agricole, ont un caractère commun. Elles reposent toutes sur le principe de la mutualité. La mutualité n'est plus aujourd'hui un principe abstrait et théorique. Elle a fait ses preuves : elle a démontré par les résultats tout ce qu'elle est capable d'enfanter. Elle ne s'arrêtera pas là, messieurs. Par ce qu'elle a fait, on peut deviner ce qu'on est en droit d'attendre d'elle.

Il lui reste encore un pas à faire, et elle le fera, pour créer dans nos campagnes ces œuvres d'assistance, hospices, caisses de secours, de retraites, qui sont le privilège des grandes villes. C'est là, je n'hésite pas à le dire, ce qui attire, plus peut-être encore que les gros salaires, les ouvriers des campagnes dans les villes.

Comment pourrait-il en être autrement, quand ils savent que dans les villes, en cas de maladie, de misère et de vieillesse, ils sont sûrs de trouver une assistance toujours prête et des caisses toujours ouvertes. (*Interruptions à l'extrême gauche. — Très bien ! très bien ! au centre et sur plusieurs bancs à gauche et à droite*).

**M. Maurice Faure**. — Dans les très grandes villes seulement.

*A l'extrême gauche. — Où sont-elles ces caisses ?*

**M. le président du conseil**. — Quand cela sera fait, je suis convaincu que l'exode des campagnes vers les villes se fera en sens inverse et un jour viendra, qui n'est pas loin peut-être, où les ouvriers des villes, qui s'agitent dans le vide, en poursuivant la politique de l'absolu à la voix des prophètes de la révolution sociale, s'apercevront que leurs frères des campagnes sont parvenus, dans l'union et la fraternité, à s'émanciper tout seuls, et qu'ils ont résolu, mieux que vous ne le faites, le problème social lui-même. (*Vifs applaudissements au centre et sur plusieurs bancs à gauche et à droite. — Interruptions à l'extrême-gauche*).

Messieurs, je m'arrête. Je vous en ai dit assez pour vous permettre de saisir dans son ensemble la réforme agricole, telle que nous la comprenons, et l'œuvre immense que nous poursuivons depuis quinze ans. Je vous demande pardon d'avoir été un peu long. (*Non ! non ! — Parlez !*)

Mais vous avez dû comprendre vous-mêmes que ces explications détaillées étaient absolument nécessaires pour éclairer la Chambre et le pays.

Il est facile d'être court quand on n'a qu'un remède unique ; la formule collectiviste a un avantage incontestable : elle répond à tout, elle suffit à tout, elle guérit tout. On peut broder sur ce thème les variations les plus brillantes et faire luire aux yeux des populations éblouies l'aurore d'une société admirable où il n'y aura plus ni misères ni injustices.

Nous l'avouons humblement, nous ne possédons pas la baguette magique qui doit transformer le monde, et nous sommes convaincus qu'elle n'existe pas. (*Très bien ! très bien !*) Les transformations de l'humanité sont lentes et douloureuses ; elles exigent de longs efforts et une grande abnégation. Quand on veut supprimer l'effort pour aller trop vite au but, on recule au lieu d'avancer.

C'est parce que nous ne voulons pas reculer que nous n'essayons pas de résoudre le problème agricole d'un coup. Nous nous contentons de l'étudier de près, de suivre la crise agricole pas à pas, au jour le jour, en lui appliquant tous les remèdes indiqués par la science et qui sont de nature à atténuer, à soulager les souffrances de la classe agricole. (*Très bien ! très bien !*)

Nous suivons un plan méthodique et raisonné. Chaque législature y a apporté sa pierre ; mais je n'hésite pas à dire que la législation actuelle, si elle continue dans la voie où elle s'est engagée, si elle écarte de sa route toutes les difficultés qu'on accumule sur ses pas, pourra soutenir victorieusement la comparaison avec les autres.

Après avoir accompli et achevé l'œuvre que je viens de décrire, elle pourra affronter hardiment le jugement du pays en lui demandant de mettre dans les plateaux de la balance, d'un côté, la chimère collectiviste et, de l'autre, les immenses bienfaits de cette politique de constante sollicitude et de progrès pratique, que nous soutenons, que nous défendons avec toute l'énergie de nos convictions et de notre amour pour le pays. (*Vifs applaudissements au centre et sur plusieurs bancs à gauche et à droite. — L'orateur, de retour à son banc, reçoit les félicitations d'un grand nombre de ses collègues*)

Sancerre. — Imp Michel PIGELET